全社的リスク
ENTERPRISE RISK MANAGEMENT
マネジメント

ミドルマネージャーが
これだけはやっておきたい
8つの実施事項

吉野太郎――著

中央経済社

はじめに

　全社的リスクマネジメントの重要性はわが国で広く認識されているが，それを実務で運用して所期の成果を得ることは必ずしも容易ではない。本書は，**適切に整備，運用されている全社的リスクマネジメントとは，具体的にどのようなものなのか，そしてそれを実現するためには「何をすればよいのか」**について筆者が必要と考える8つの実施事項に沿って説明したものである。具体的には以下のとおりである。

① 　ガバナンスを確立し，健全な組織文化を醸成すること　☞第2章で説明
② 　全社的リスクマネジメントの体制を整備，運用し，PDCAサイクルを確実に回すこと　☞第3章で説明
③ 　管理者層※のマネジメント能力を向上すること　☞第4章で説明
　　　　※部長，マネージャークラスのミドルマネージャーとその部下である係長，主任を含む（以下同じ）。
④ 　リスクを適切に把握・評価し，リスクの重大度に見合った対応を行うこと　☞第5章で説明
⑤ 　上位者および関係者へリスク情報を迅速，確実に伝達すること　☞第6章で説明
⑥ 　組織を適切に統制すること　☞第7章で説明
⑦ 　危機管理体制を整備すること　☞第8章で説明
⑧ 　管理者層のリスク管理能力を向上すること　☞第9章で説明

　本書は一部，経営者や取締役に関する事項を含んでいるが，主に日々の業務でリスクと向き合い，対応を行っている部長，マネージャークラスのミドルマネージャーの方々を念頭に記載している。組織を取り巻く環境が大きく変化している現在，組織はリスクにいかに適切に対応するか問われている。とりわけ

ミドルマネージャーの方々は，リスク対応の最前線に立ち，日々リスクと向き合う立場にある。本書では，ミドルマネージャーの方々がリスクに適切に対応できる体制を整備，運用するために「何をすればよいのか」を8つの実施事項に沿って説明する。

　また，本書は主に企業を想定した記載となっているが，想定する組織は企業に限らず，省庁，自治体，学校，病院など全ての組織を対象として記載している。なお，組織により必要な全社的リスクマネジメントの内容は様々であるため，本書を実務に活用される際には，記載事項は組織の特性や必要性により取捨選択していただきたい。

　本書は長年，全社的リスクマネジメントの実務を担当していた筆者の実務経験を踏まえて記載した実務書である。概念や技術的手法の説明ではなく，実務に役立つ情報を提供することを目的として記載している。そのため，できる限り事例や実務で有用な手法などのノウハウを記載するように努めた。また，組織を適切に統治するために必要な取るべき行動などガバナンスを強化するために必要な事項や，健全な組織文化を醸成するために必要な事項についても記載している。そして，内部統制の適切な整備，運用に必要な事項も含めて記載している。いわば，こういうことの地道な積み重ねで，適切なガバナンス，全社的リスクマネジメント，内部統制が徐々に実現されていくという視点で説明するように努めた。しかし，筆者の力では限界があり，十分説明できていない部分も多くあることはあらかじめご容赦願いたい。

　筆者は2002年に米国企業のリスクマネジメント体制の調査を行ったことを契機に，全社的リスクマネジメント構築プロジェクトチームの事務局を担当し，その後2014年まで12年間，全社的リスクマネジメントを担当する経験を持つことができた。またその間，危機管理体制全般の取りまとめや，各種BCP（Business Continuity Plan；事業継続計画）の策定も担当した。その結果，全社的リスクマネジメントについて幅広い実務を経験することができた。それらを

踏まえて，実際の担当業務には触れていないが，それまで試行錯誤を続けてきた過程で得た経験や知見を集約・整理して，2012年2月に中央経済社より「事業会社のためのリスク管理・ERM（全社的リスクマネジメント）の実務ガイド」を上梓した。

　同書を上梓後5年が経過し，その間筆者にはさまざまな実務経験の蓄積があった。またその間，全社的リスクマネジメント，内部統制に関する包括的なフレームワークやガイダンスを公表している米国のCOSO（トレッドウェイ委員会支援組織委員会）が2013年5月に，内部統制の先導的フレームワークとして認められ，世界中で幅広く利用されている「内部統制の統合的フレームワーク」を20年ぶりに全面改訂した。また2016年6月には，12年ぶりに「全社的リスクマネジメントの統合的フレームワーク」について大幅な見直しを行った公開草案「全社的リスクマネジメント－戦略と業績を整合させる」を公表するなど，内部統制や全社的リスクマネジメントのフレームワークに大きな進展が見られた。

　このような前著を上梓して以降5年間の内外の最新情報を踏まえて，適切に整備，運用されている全社的リスクマネジメントを実現するためには「何をすればよいのか」を目的として執筆したのが本書である。この点が，2004年に公表されたCOSOの「全社的リスクマネジメントの統合的フレームワーク」をもとに，実務的な手法を体系化することを目的として執筆した前著とは異なる点である。

　なお，本書中の意見に関する部分は筆者の個人的見解であり，筆者が所属する企業の見解ではないことにご留意願いたい。また，本文に記載してある事例は全て，新聞，雑誌，もしくはホームページ等から収集した公開情報を基に作成したものであり，筆者が所属する企業の事例ではない。なお，本書の記載に関する全ての責任は筆者にあり，筆者が所属する企業にはないことにもご留意願いたい。

本書を執筆するにあたり，幸いにもラインの第一線も含めた幅広い実務を経験できたことが，全社的リスクマネジメントの知見を深めるために大変役立った。これは，筆者が入社以来お世話になった歴代の上司の方々，職場の方々のおかげであり深く感謝申し上げたい。また，全社的リスクマネジメントを担当して以来，上司の方々，職場の方々からご指導，ご支援をいただいたことに厚くお礼を申し上げる。最後に，中央経済社の酒井隆さんと市田由紀子さんには，本書の刊行に多大なご配慮をいただいた。この場をお借りしてお礼を述べたい。

　2017年7月

吉野太郎

目　次

はじめに・i

本書の使い方

序　　本書の構成・1

Part I　全体編

第1章　理解しておくべき基本事項 ―― 4
1．リスクとは何か・4
2．全社的リスクマネジメントとは何か・5

第2章　ガバナンスと組織文化
――実施事項① ―― 12
1．ガバナンスと組織文化の役割・12
2．取締役会と経営者の役割・14
3．健全な組織文化の醸成に必要な事項・18
4．健全な組織文化の醸成に当たっての留意事項・26
☐ チェックリスト・36

第3章 全社的リスクマネジメント体制とPDCAサイクル
——実施事項② ———————————— 45
1. 対象とするリスク・45
2. リスク管理部門・47
3. リスクマネジメント委員会・50
4. PDCAサイクルとリスク管理部門の役割・53

☐ チェックリスト・59

PartⅡ 手段・手法編

第4章 管理者層のマネジメント能力
——実施事項③ ———————————— 66
1. コミュニケーションと情報伝達・67
2. 部下の指導と育成・69
3. 業務管理・74
4. 管理者が取るべき行動・76

☐ チェックリスト・79

第5章 リスクの把握・評価と対応
——実施事項④ ———————————— 87
1. 実務におけるリスク評価の手法・88
2. リスクの把握・評価で留意すべき事項・90

3．戦略に関するリスクを対象とする場合の留意事項・108
　　　☐ チェックリスト・115

第6章 》》》リスク情報の伝達

　　　── 実施事項⑤ ─────────── 124
　　　1．リスク情報の迅速な伝達に必要な事項・124
　　　2．報告の原則・126
　　　3．個人の心理面に関する留意事項・128
　　　4．業務環境の変化に関する留意事項・133
　　　5．本社スタッフ部門の留意事項・134
　　　☐ チェックリスト・139

第7章 》》》統制活動

　　　── 実施事項⑥ ─────────── 145
　　　1．組織として適切な統制を行うために必要な事項・145
　　　2．子会社・協力企業の管理に必要な事項・151
　　　☐ チェックリスト・156

第8章 》》》危機管理

　　　── 実施事項⑦ ─────────── 162
　　　1．危機管理におけるリスク管理部門の役割・162
　　　2．当初は危機であることが明確でない事象への対応体制・164

3．大規模自然災害等への対応体制・168

☐ チェックリスト・178

第9章 リスク管理能力の向上に資する研修
──実施事項⑧ ──────────── 184

1．リスク管理能力の向上に必要な事項・184

2．リスクへの感度を磨くための研修・185

☐ チェックリスト・188

参考文献・189

索　　引・191

本書の使い方

〈チェックリスト〉

① 概　要

　各章の末尾に配したチェックリストは，全社的リスクマネジメントを適切に整備，運用するために確認すべきチェックポイントを質問形式で記載したものである。「はい」と回答した場合に，適切な整備，運用を行うために必要な事項の具体例となるように記載してある。チェックリストへの記載項目は，第1章から第9章に記載した項目のうち◎印を付した項目に関するものである。

　第1章〜第9章の内容と対比できるように，該当する章，節，項，款（例：第1章2.(4)②など）の順で作成し，項目名は原則として該当する各章の項目名と同一としている。なお，チェックリストの各項目の内容は，その性格上，各章の対応する項目の結論部分を踏まえた内容となっている。

② 活用方法

　チェックリストの活用方法としては，以下が考えられる。

(a) 部長，マネージャークラスのミドルマネージャーの方々が自分の部，グループの全社的リスクマネジメントが適切に行われているかを確認する際の確認項目。

(b) 取締役，監査役，および経営者が，全社的リスクマネジメントの実施状況を監督する際の確認項目，質問書。

(c) 内部監査部門，内部統制部門，もしくはリスク管理部門が，組織内各部門の全社的リスクマネジメントの実施状況をモニタリングする際の確認項目，質問書。

(d) 会社法により大会社が事業報告での開示を義務付けられている「内部統制の運用状況」確認のチェックリスト。

(e) 本書全体の概要の把握。

③ WebからのWordファイルのダウンロード

　このチェックリストは，中央経済社の本書紹介ページにアクセスすると，Wordファイルがダウンロードできる。ファイルを修正・追加・削除するなど加工して，組織に適したチェックリストを作成してほしい。

　中央経済社ホームページ：www.chuokeizai.co.jp

　パスワード：erm1708

序　本書の構成

　本書はまず，Part I　全体編（第1章～第3章）で，全社的リスクマネジメント全体に関わる事項について説明する。
　すなわち，①全社的リスクマネジメントの定義，役割・機能など理解しておくべき基本事項（第1章），②その基盤をなすガバナンスと組織文化（第2章），および，③全社的リスクマネジメント体制とPDCAサイクル（第3章）についてである。

　次に，Part II　手段・手法編（第4章～第9章）で，全社的リスクマネジメントを適切に整備，運用するための具体的な手段や手法について説明する。
　すなわち，①管理者層のマネジメント能力（第4章），②リスクの把握・評価と対応（第5章），③リスク情報の伝達（第6章），④統制活動（第7章），⑤危機管理（第8章），⑥リスク管理能力の向上に資する研修（第9章）についてである。

　最後に，各章の末尾に配したチェックリストは，それぞれの章のポイントを確認するために掲載した。これは，各章の概要の把握や一読された後の復習のためだけでなく，全社的リスクマネジメントの実施状況の確認項目や質問書としても使用していただけるようになっている。

　なお，第1章から第9章に記載した項目のうち◎印を付けた項目は，チェックリストへの記載項目であることを示しており，またチェックリストの項目名は原則として◎印を付けた項目名と同一にしており，相互に参照できるようになっている。

本書の構成は下図［図表序－1］のとおりである。

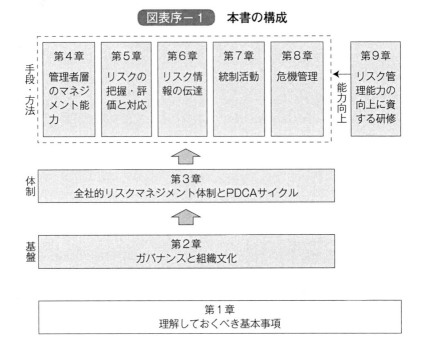

第1章 理解しておくべき基本事項

Summary

本章では，全社的リスクマネジメントを整備，運用する際に，あらかじめ理解しておくべき基本的事項を，その定義と役割・機能の2つの側面から説明する。

Keywords

リスクの定義，全社的リスクマネジメントの定義，役割・機能，リスク選好，最低限必要な要件

1．リスクとは何か

　本書では，リスクを「組織※目的の達成を妨げる事象が発生する可能性」と定義する。つまり，ある事象が発生し，組織目的の達成が妨げられる場合に，その事象が発生する可能性をリスクと呼ぶ。また，「組織目的の達成を妨げる」とは，組織目的の達成にマイナスの影響を及ぼすことであるため，リスクを災害や事故の発生など好ましくない結果をもたらす事象が発生する可能性の意味で用いる。

　　※本書を実務で使用される際には，「組織」という用語を，読まれる方が所属する組織の種類に読み替えていただきたい。例えば，企業，省庁，自治体，学校，病院など（以下同じ）。

2．全社的リスクマネジメントとは何か

(1) 全社的リスクマネジメントの定義

　全社的リスクマネジメントという用語は，概念的・多義的な用語であり，ある程度の共通点はあるものの，何が全社的リスクマネジメントなのかという共通の定義は存在しない。本書では，全社的リスクマネジメントを以下のように定義する。

> 《本書における全社的リスクマネジメントの定義》[1]
> 　組織活動に伴う全ての重要リスクを対象とし，組織全体としてリスクを適切に管理することにより，リスク対応についての最適な意思決定を行うための一連の活動とそれを支える組織の文化と能力。

　それに対して，本書では，リスクマネジメントを「組織活動に伴う個々の重要リスクを個別に管理することにより，リスク対応についての最適な意思決定を行うための一連の活動」と定義する。全社的リスクマネジメントは，㋐全てのリスク，㋑組織全体，㋒組織の文化や能力を対象とする点で，リスクマネジメントよりも対象範囲が広い。なお，「全てのリスク」には戦略に関するリスクを含み，「組織全体」には子会社，および重要業務を委託している協力企業を含む（以下同じ）。

(2) 全社的リスクマネジメントの主な役割・機能

　全社的リスクマネジメントの主な役割・機能には，例えば以下の事項がある。

《全社的リスクマネジメントの主な役割・機能の例》
(a) リスク顕在化の防止，リスクが顕在化した場合の損失の低減，および顕在化したリスクの早期把握。
(b) 組織目的達成への取組みや事業環境の変化に伴って発生するリスクの把握と対応。
(c) 過度な業績変動の緩和・抑制。
(d) リスク対応に必要な関係部門間の調整（全社調整機能，横串機能）。
(e) リスクに関する意思決定のサポート。
(f) 組織目的を達成するために組織が意図的に受け入れるリスクの種類と量（リスク選好）の決定。
(g) 各部門・子会社（以下，「各部門」という）での業務遂行が，組織目的と整合していることの確認と必要な対応。
(h) 非中核事業での過度なリスクテイクなど，取っているリスクが組織目的と整合していることの確認と必要な対応　など。

上記の(e)と(f)について，以下で詳細を説明する。

(3) リスクに関する意思決定のサポートについて

　全社的リスクマネジメントは，単にリスクをゼロにするなど，リスクを一方的に低減することだけを目的とするものではなく，リスクを適切に管理することにより組織目的の達成を支援することを目的とするものである。例えば，「こういうリスクは取らないが，こういうリスクなら取る」，もしくは「リスク低減のための予算措置は，ここまでは行うが，これ以上は行わない」という**リスクに関する意思決定をサポートすることが，全社的リスクマネジメントの重要な役割の1つである。**

(4) 組織目的を達成するために受け入れるリスクの種類と量（リスク選好）

① リスク選好の意味するもの

【図表1－1】は，リスクマップ上にA，B，Cの3つのリスクをプロットしたリスクの組合せ（「ポートフォリオ」と言われる）であり，縦軸は影響度，横軸は発生可能性を示している。**中央の黒い太線が，組織目的を達成するために組織が意図的に受け入れるリスクの種類と量である「リスク選好」を示している。**

この線上にあるリスクが，リスクが高過ぎもせず，低過ぎもしない最適なリスクであり，いわばリスクの"スイートスポット"と言える。

図表1－1　最適なリスクの取り方

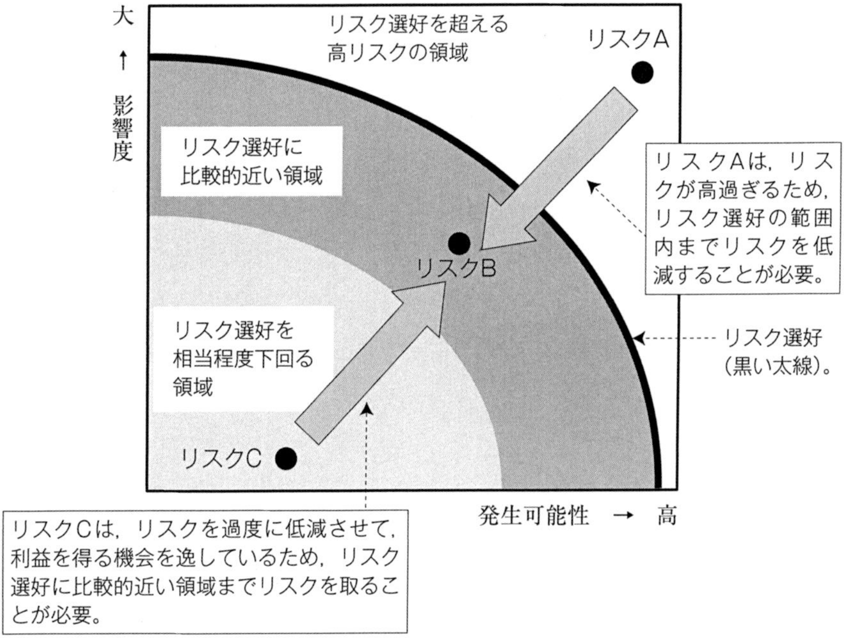

- リスク選好を超える高リスクの領域
- リスク選好に比較的近い領域
- リスク選好を相当程度下回る領域
- リスクA
- リスクB
- リスクC
- 影響度（大）
- 発生可能性 → 高
- リスク選好（黒い太線）。

リスクAは，リスクが高過ぎるため，リスク選好の範囲内までリスクを低減することが必要。

リスクCは，リスクを過度に低減させて，利益を得る機会を逸しているため，リスク選好に比較的近い領域までリスクを取ることが必要。

黒い太線の右上の領域は，リスク選好を超える高リスクの領域を示している。それに対して，黒い太線の左下の領域（濃淡はあるが灰色の領域全部）は，リスク選好の範囲内にある領域を示しており，濃い色の部分はリスク選好に比較的近い領域を，薄い色の部分はリスク選好を相当程度下回る領域を示している。

② リスク選好に近い領域までリスクを低減する／リスクを取る

　リスクAは，リスク選好を超える高リスクの領域に位置しており，例えば，信用状況に疑問のある新規取引先と多額の取引を行うなど過度にリスクを取っている状態である。そのため，**リスク選好の範囲内まで，具体的にはリスク選好に比較的近い領域（濃い灰色の領域，例えばリスクBの位置）までリスクを低減する必要がある。**

　他方，リスクCは，リスク選好の範囲内にあるものの，リスク選好を相当程度下回る領域に位置しており，例えば，貸倒れを恐れるあまり信用状況に問題がない新規取引先への取引を避けるなど過度にリスクを低減させている状態である。その結果，利益を得る機会を逸している。そのため，現在よりも多くのリスクを取ることにより，より多くの利益を得ることが可能であり，**リスク選好に比較的近い領域（濃い灰色の領域，例えばリスクBの位置）までリスクを取ることが望ましい。**

　このように，全社的リスクマネジメントには，組織として許容可能な範囲でリスクを取ることにより，組織目的の達成を支援するという機能がある。

◎(5) 実務上最低限必要な全社的リスクマネジメントの4つの要件

　　※：◎印を付した項目は章末のチェックリストの記載項目であることを示す（以下同じ）。

　筆者は，実務で最低限必要な全社的リスクマネジメントの要件は，以下の4点であると考えている。これは大企業など大規模な組織でも中小企業など小規模な組織でも同じである。全社的リスクマネジメントというと一見ハードルが

高いように思えるが，最低限必要な要件はそれほど難しいものではない。

⟨最低限必要な4つの要件⟩
(a) 対象とするリスクは，組織の活動に伴う全てのリスクであり，例えば海外進出や新製品開発に伴うリスクなど戦略に関するリスクを含んでいること。
(b) 組織全体のリスクを管理する担当者，チーム・グループ，もしくは部門（以下，「リスク管理部門」という）を配置していること。つまり，組織全体のリスクを見ている人や組織を配置していること。
(c) 最低1年単位のPDCAサイクルを有していること。具体的には，以下のPDCAサイクルが回っていること。
　㋐ リスクの把握（Plan）
　㋑ リスクの重要度の評価（Plan）
　㋒ リスクへの対応（対応策の策定（Plan）と実施（Do））
　㋓ モニタリング（定期的なリスクと対応状況の確認・評価（Check）
　㋔ 経営者および取締役会への報告（Check）
　㋕ 対応策の改善（Act）
(d) 上記のPDCAサイクルを通して確認した組織全体でのリスクと対応状況の把握・評価の結果と対応策の改善状況は，最低でも年1回は取締役会および経営者に報告され，必要な指示を受けていること。つまり，取締役会と経営者の責任として全社的リスクマネジメントが行われていること。

(6) オーダーメイドで作り上げることが必要

　リスクは業種，組織の特性，事業環境などにより様々であり，その対応策も様々である。そのため，何を行えば全社的リスクマネジメントを適切に整備，運用できるかについての共通の答えはなく，自己の組織の特性や環境にフィットした整備，運用方法をいわばオーダーメイドで作り上げることが必要である。

注
(1) 全社的リスクマネジメントの定義については，以下にその本質的な定義が記載されており，下記定義はそれを参考にして記載した。

　　トレッドウェイ委員会支援組織委員会（COSO）"Enterprise Risk Management – Aligning Risk with Strategy and Performance"（仮訳：全社的リスクマネジメント－リスクを戦略と業績に整合させる　2016年6月公開草案を公表）（以下，「改訂版COSO-ERM公開草案」という）10頁「27.」。なお，「27.」は上記公開草案に記載されているパラグラフ単位の通し番号である（以下同じ）。

◀チェックリスト▶

「評価」欄への記載は以下の通り（以下同じ）。

○：はい　　△：一部満たしていない　　×：いいえ　　－：対象外

■全社的リスクマネジメントとは何か ☞2. (p.5)

No.	項　　　　目	評価
1	**実務上最低限必要な全社的リスクマネジメントの4つの要件** 全社的リスクマネジメントは，以下の4点を満たしていますか。 (a) 対象とするリスクは，組織の活動に伴う全てのリスクであり，例えば海外進出や新製品開発に伴うリスクなど戦略に関するリスクを含んでいる。 (b) 組織全体のリスクを管理する担当者，チーム・グループ，もしくは部門（以下，「リスク管理部門」という）を配置している。つまり，組織全体のリスクを見ている人や組織を配置している。 (c) 最低1年単位のPDCAサイクルを有している。 (d) 上記のPDCAサイクルを通して把握した組織全体でのリスクと対応状況の確認・評価の結果と対応策の改善状況は，最低でも年1回は，取締役会および経営者に報告され，必要な指示を受けている。つまり，取締役会と経営者の責任として全社的リスクマネジメントが行われている。	

第2章 ガバナンスと組織文化
──実施事項①

Summary

ガバナンスと組織文化は，全社的リスクマネジメントの基盤を構成するものである[1]。本章では，まずガバナンスとして，取締役会と経営者の役割について説明する。次に健全な組織文化として，その醸成に必要な事項と留意事項について説明する。

Keywords

ガバナンス，組織文化，取締役会の監督，経営者の明確な意思表示，健全な組織文化の醸成

1．ガバナンスと組織文化の役割

　全社的リスクマネジメントの中核には「人」と「組織」があり，この2つを動かす原動力がガバナンスと組織文化であると筆者は考えている。適切なガバナンスと健全な組織文化は，組織運営の基盤であるだけではなく，全社的リスクマネジメントの基盤である。**全社的リスクマネジメントを適切に整備，運用するためには，適切なガバナンスが構築され，健全な組織文化が醸成されていることがその前提となる。**

　そのため，取締役会および経営者は，適切なガバナンスが構築されていること，および健全な組織文化が醸成されていることを確認し，必要な改善を行う

ことが必要である。

(1) ガバナンス

　ガバナンスという用語は，全社的リスクマネジメントと同様に，概念的・多義的な用語であり，ある程度の共通点はあるものの，何がガバナンスなのかという共通の定義は存在しない。筆者は，ガバナンスを**「取締役会および経営者が組織目的の達成に向けて，組織を指揮，管理，監督するための統治の仕組みや方法」**と考えている。ガバナンスは例えば，以下の要素から構成されている。

《ガバナンスの要素の例》
⑦組織体制，④権限移譲と責任の付与，⑦説明責任の付与，㊀報告・情報伝達体制，㊄管理・監督体制，㊅組織としての規律と統制，㊆誠実性と倫理観の涵養　など

(2) 組織文化

　組織文化は，適切なガバナンスを支えると共に，ガバナンスに大きな影響を及ぼす。また，組織文化は例えば，組織や全社的リスクマネジメントの基盤となる以下のような事項に影響を及ぼす。

《組織文化が影響を及ぼす事項の例》
⑦　組織の価値観，信条，姿勢
④　経営者および従業員の誠実性と倫理観，望ましい行動，判断・意思決定
⑦　全社的リスクマネジメントの重要性に対する認識
㊀　リスクに対する理解と姿勢
㊄　リスクの把握と対応，リスク情報の伝達など全社的リスクマネジメントへの取組み方法　など

　健全な組織文化が醸成されていれば，上記事項について組織内の個々人が共

通の考えを持つことができる。そして，いわばベクトルを合わせて，互いに協力しながら組織目的の達成に取り組むことができる。

2．取締役会と経営者の役割

(1) 取締役会による全社的リスクマネジメントの監督

◎① 取締役会と経営者の全社的リスクマネジメントに対する責任

　取締役会と経営者は，全社的リスクマネジメントに対する以下の責任を果たすことが必要である。また，このことは，取締役会規則，経営会議規則，リスクマネジメント規則等の規則で規定しておくことが必要である。

《取締役会と経営者の全社的リスクマネジメントに対する責任の例》[2]
(a) **経営者は，全社的リスクマネジメントを適切に整備，運用すると共に，整備，運用状況を定期的に評価し，評価結果を取締役会に報告する。**
(b) 経営者が，担当執行役員を委員長とするコンプライアンス委員会や情報セキュリティ委員会などの特定目的の委員会を設置して，一部リスクの管理を上記委員会に委任している場合がある。この場合には，経営者は，上記委員会でのリスクマネジメントの整備，運用状況を評価し，評価結果を定期的に取締役会に報告する。
(c) **取締役会は，上記(a)，(b)を通して，経営者の全社的リスクマネジメントの整備，運用状況を監督する。**
　なお，取締役会による監督は，例えば，想定される／もしくは顕在化したリスクや組織内外の環境変化など，全社的リスクマネジメントの整備，運用に影響に及ぼす事象について，経営者に対して例えば以下を行うことによって行われる。
　㋐　適切な質問をする。
　㋑　異なる見解や代替的な見解を示す。
　㋒　必要な対応を検討するように指示する，もしくは注意喚起や問題提起を
　　　行う　など。

[使用上の注意]

本書を実務で使用する際には，取締役会と経営者が並べて記載されている場合は，取締役会固有の業務を除き，「取締役会」は本書を読まれる方のポスト（部長等）に，「経営者」はその一段階下のポスト（部長であればマネージャー等）に読み替えていただきたい。

また，単に「経営者」と記載している場合には，「経営者」は本書を読まれる方のポストに読み替えていただきたい（以下同じ）。

(取締役会と経営者が並べて記載されている場合)

本書の表記	「取締役会」	「経営者」
実務での読み替え	ご自身のポスト （例：部長）	一段階下のポスト（部下） （例：マネージャー）

※取締役会固有の業務を除く

(「経営者」と記載している場合)

本書の表記	「経営者」
実務での読み替え	ご自身のポスト （例：部長）

◎② 監督に必要な情報の報告

取締役会が全社的リスクマネジメントの整備，運用状況を適切に監督するためには，重大リスクや内外の重大な環境変化など経営に関する重要事項を理解していることが必要である。

そのため，経営者は上記重要事項など**全社的リスクマネジメントの整備，運用状況を適切に監督するために必要な情報を取締役会に適時，適切に報告する**ことが必要である[3]。

(2) 経営者の明確な意思表示

◎① 誠実性と倫理観に対する明確な意思表示

　従業員，特に部門長や部長などの上級管理者は，何が許され，何が許されないかの判断や取るべきリスク対応の判断などリスクについて考える時に，経営者が過去に取った行動や示した考えを踏まえて考え，結果的に経営者と同じ考えをする場合が多い。

　そのため，**経営者は，㋐自身が誠実性と倫理観を重視した行動を取ること，および，㋑誠実性と倫理観を重視し，それに反する行為は許されないことを，自らの行動，姿勢，指示で継続的に示し，明確に意思表示（コミットメント）する**ことが必要である。このような経営者の意思表示により，誠実性と倫理観を重視する健全な組織文化が醸成されていく[4]。

◎② リスクに注意を払う組織文化の醸成

　リスクに注意を払う組織文化は，健全な組織文化の重要な要素であり，全社的リスクマネジメントの基盤の一部をなすものである。リスクに注意を払う組織文化が醸成されている組織では，従業員はリスクについて注意深く考え，何が許され，何が許されないかの判断を適切に行えるようになる。また，従業員はリスクについて開かれた率直な議論を行い，例えば「こういうリスクは取ってよいが，こういうリスクは取ってはならない」など組織のリスクに対する考え方に沿った判断を行えるようになる。

　つまり，従業員は，組織目的を達成するために組織が意図的に受け入れるリスクの種類と量（リスク選好）の範囲内で，過度にリスクを取ることもなく，逆に過度にリスクを回避することもなく，適切な量のリスクを取ることができるようになる。なお，リスク選好については，「第1章2.(4)②リスク選好に近い領域までリスクを低減する／リスクを取る」を参照のこと。

　そのため，経営者は全社的リスクマネジメントの重要性を組織に浸透させ，

リスクに注意を払う組織文化を醸成するために，例えば以下について，自らの行動，姿勢，指示で継続的に示し，明確に意思表示することが必要である[5]。

《リスクに注意を払う組織文化を醸成するため示すべき事項の例》
(a) 従業員が担当業務に関連するリスクに注意を払い，リスクを適切に管理することは，各人の業務上の責任であること。
(b) リスクを適切に管理することは組織の成長と存続にとって大変重要であること。

◎③ リスクマネジメントに対する責任の確実な履行

全社的リスクマネジメントを適切に整備，運用するためには，従業員のリスクマネジメントに対する責任の確実な履行を徹底することが必要である。

そのため，経営者は，従業員に対して例えば，顕在化したリスクの迅速な報告や，想定されるリスクへの対応策の策定など，**担当業務のリスクマネジメントに対する責任は確実に履行しなければならないこと**を，自らの行動，姿勢，指示で継続的に示し，明確に意思表示することが必要である。

◎④ 組織目的・経営に対する考え方などの説明

組織目的を達成するためには，組織の全員が同じ方向で考え，全体最適を考えて行動できる組織文化を醸成することが必要である。

そのために，経営者は，例えば以下のような**組織における重要事項を，組織の全員が理解し，各人の行動に反映できる分かりやすい言葉で説明する**ことが必要である。

《経営者が説明すべき組織における重要事項の例》
(a) 組織は何を提供することを目的としているのかという組織目的，およびその前提となる経営理念
(b) 自身の経営に対する思いや考え方
(c) 現在の経営環境に対応するための自身の考え，および組織の進むべき方向や取り組むべき事項

[使用上の注意]

本書を実務で使用される際には,「組織」は本書を読まれる方が所属する組織(例えば,部長であれば「部」)に読み替えていていただきたい。

また,「経営」は本書を読まれる方の担当する組織の運営(例えば,部長であれば「部の運営」)に読み替えていただきたい(以下同じ)。

本書の表記	「組織」	「経営」
実務での読み替え	読まれる方が担当する組織(例:部長であれば「部」)	読まれる方が担当する組織の運営(例:部長であれば「部の運営」)

◎⑤ 行動基準の徹底と遵守状況の確認

経営理念の実現や組織目的の達成を目指して行動する上で規範とすべき基本的な指針や具体的な留意点を示した行動基準は,適切なガバナンスと健全な組織文化の基盤となるものである。

そのため,経営者は行動基準を策定し,その遵守を自らの行動,姿勢,指示により徹底すると共に,遵守状況を確認させて,報告を受け,必要な指示を行うことが必要である。

3. 健全な組織文化の醸成に必要な事項

本章の以降で説明する事項は,その性格上,業種や個々の組織の特性により多岐にわたるため,あくまでも筆者が考える一例であり,他にも多々あることを前提としてお読みいただきたい。また,実務に使用する際には,業種や組織の特性に応じて取捨選択していただきたい。

(1) 意思決定や組織のあり方に関する事項の例

◎① 偏った見方・判断の確認・是正

組織内にある例えば,**以下のような偏った見方や判断の有無を確認し,必要**

な是正を行うことが必要である。

> **《偏った見方や判断の例》**[6]
> (a) 組織内での支配的な考え方，多数意見，業界慣行への問題意識のない同調，一方的な追従，過度な依存。
> (b) 組織固有の事情を過度に重視するあまり，組織に対する社会からの期待や社会常識からの乖離を過小評価する，もしくは認めようとしない姿勢。
> (c) 意向に沿わない情報に対する意図的な無視や無関心。
> (d) 重大リスクが顕在化しても，事態を楽観視し，その重大性に応じた対応を取らない姿勢。
> (e) 現在顕在化しているリスクへの対応を重視するあまり，将来顕在化する可能性があるリスクへの対応を不釣り合いに軽視する傾向。
> (f) リスクを過度に取る，もしくは過度に回避するなど，偏ったリスクの取り方　など。

◎② 社会常識との乖離の防止

上記①(a)に関係するが，組織内部や業界の慣行に捉われた行動を続けてきたり，過去から行ってきた行動を問題意識なしに続けてきたが，それらの行動が，時代の変化に伴い社会常識と乖離していることに気付かず，問題となる場合がある。社会の常識は時代と共に変化するため，過去には問題とならなかった行為が，現在では大きな問題となる場合があるため注意が必要である。

そのため，**顕在化したリスク事案に対応する時には，組織の現在の行動が，時代の変化に伴い社会常識と乖離していないか確認した上で，対応を判断する**ことが必要である。

◎③ 基幹業務の厳格な遂行

例えば，食品事業における食の安全の確保や，旅客輸送事業における乗客の安全の確保など，組織にはその特性上社会から厳格な遂行を強く求められ，組織の存在価値の源泉となっている基幹業務がある。しかし，そのような基幹業務の厳格な遂行を，当面の利益や効率化と比較するようになると，時間と共に

後者を優先して考えがちとなり，それら基幹業務を無意識のうちに，いわば"罪の意識なく"省略，無視する場合が発生する。

そのため，そのような**基幹業務の厳格な遂行は，事業の基盤であり最優先すべきこと，およびそれに違反する行為は許されないことが，第一線の従業員も含めて組織内で徹底されている**ことが必要である。

また，それら基幹業務の進め方について，現在の社会が組織に求める期待を把握したうえで，例えば以下のような視点から定期的に棚卸しすることが必要である。

〈基幹業務の進め方を棚卸しする際の視点の例〉
(a) 現在の社会の期待を満たしているか
(b) 社会からどのように見られているか
(c) 社会の目線や常識と乖離していると受け取られることはないか

◎④　社会の目線や常識に照らした判断

上記①(b)に関係するが，問題が発生した時に，組織の専門的な知識・経験や組織の論理・価値観に捉われていると，社会の目線や常識に合致した対応を取れず，問題となる場合がある。特に，法律に違反していたり，規制・基準から逸脱しているが，安全や製品品質などに実質的な影響がない事案への対応を判断する際には，この点に注意する必要がある。

そのため，**リスク事案への対応を検討する時に，組織の専門的な知識・経験や組織の論理・価値観に捉われず，社会の目線や常識に照らして対応を判断できるように，平時から留意している**ことが必要である。なお，社会の目線から見ることの意義については，「第8章2.(4)③現場や主管部門からは見えないリスク」を参照のこと。

◎⑤　社会的な位置付けにふさわしい組織体制の整備

組織の規模や業容が拡大し，社会的な位置付けが向上している場合には，例

えば以下のような，その規模や業容にふさわしい体制整備や組織内の意識醸成をしていないと，社会からの期待と乖離が生じる。その結果，従来では社会から問題とされなかった行動が問題となる場合がある。

そのため，例えば以下のような，**現在の規模や業容にふさわしい，社会からの期待に合致した水準の体制整備や組織内の意識醸成を行っておくことが必要**である。

《規模や業容にふさわしい体制整備や意識醸成の例》
(a) その規模にふさわしい管理・監督体制の整備
(b) 社会的責任に対する認識の向上
(c) プライベートな時間も含めたコンプライアンス意識の醸成　など

---

(2) 組織運営に関する事項の例

◎① 組織目的や担当業務の目的の理解

従業員の一人ひとりが，組織目的，および各自が担当する業務の目的と組織での位置付けを理解していることが，組織の全員が全体最適を考えて行動する企業風土の基盤を作る。

そのため，**部長やマネージャー等の管理者は部下に対して，㋐組織目的，㋑各自が担当業務を行う目的，および，㋒各自の業務が部門の中で，ひいては組織全体の中でどのような位置付けにあるのかを説明し，部下が業務を行う目的を腹落ちできるようにする**ことが必要である。

◎② リスクについての開かれたコミュニケーション

関係者がリスクに関する情報を共有し，協力・連携してリスクに対応するためには，組織内でリスクについての開かれたコミュニケーションが取られ，リスクが積極的，率直に議論されていることが必要である。

そのため，管理者は**リスクについて開かれたコミュニケーションを取る**こと，

およびリスクについて積極的，率直に議論することの重要性を，自らの行動，姿勢，指示で継続的に示し，組織内に徹底することが必要である[7]。

◎③　職場の業務計画や方針策定への従業員の参加

　従業員を，部やグループ等その所属する職場の業務計画や方針の策定に参加させることにより従業員は，策定した計画や方針に腹落ちし，その実施に対する当事者意識を高めることができる。また，従業員が策定過程で想定されるリスクを議論することを通して，リスクに対する認識を深め，健全な組織文化の重要な要素であるリスクに注意を払う組織文化が醸成されていく。

　そのため，管理者は，**部下を職場の業務計画や方針の策定に参加させ，想定されるリスクを議論させる**ことが必要である。また，管理者は経営者や部門長に報告する前に，業務計画や方針を職場内でオーソライズしておくことが必要である[8]。

◎④　多様な意見や発想の重視（ダイバーシティ）

　同じような意見や発想が多く異論を唱える人が少ない，いわば"一色に染まっている"組織は，環境変化に対応しにくい組織体質となりやすい。そのような組織では，組織を取り巻く環境の変化が大きい場合には，変化に伴い新たに発生するリスクに適切に対応できないことや，従来のリスク対応策の有効性が低下しても，適切に改善できないことが発生する。このことは，ダイバーシティが，社会的な要請への対応という側面だけでなく，変化の大きな時代における多様性を通じた組織の競争力強化という側面で重視されていることに通じるものがある。

　そのため，組織を取り巻く環境の変化が大きい場合には，**環境変化に伴い新たに発生すリスクに対応するために，また，リスク対応策を変化に対応したものにするために，多様な意見や発想を促す**ことが必要である。

◎⑤ 報奨制度と組織目的との整合

業績評価項目・報酬制度・表彰制度などの報奨制度は，各種業績目標の達成や望ましい行動の促進などの組織目的の達成に大きな影響を及ぼす。例えば，短期の業績に過度にリンクした報酬制度は，従業員に過度なプレッシャーを与え，虚偽報告などのコンプライアンス違反を犯すリスクを高め，組織として望ましい行動を促進するという組織目的に反する結果をもたらす場合がある。

そのため，**報奨制度は組織目的と齟齬を生じないように，設計，運用する**ことが必要である[9]。

◎⑥ 業務の目的や役割・期待の明示

組織目的の達成のためには，従業員一人ひとりが，㋐担当する業務の目的，㋑各自の役割・期待，および，㋒役割・期待の達成度に応じて評価や報酬が決まることを理解していることが必要である。

そのため，管理者は，部下一人ひとりに対して，担当する業務の目的や各人の役割・期待を明示することが必要である。そして，役割・期待の達成度に応じて評価や報酬が決まることを部下が理解できるように業績評価を行い，評価結果とその理由を十分説明することが必要である。

◎⑦ 行動基準への違反に対する一貫した対応

行動基準で示した望ましい行動を重視する組織としての一貫した姿勢が，健全な組織文化を醸成する。

そのため，**行動基準に違反する行為に対する懲戒処分や注意喚起などの組織としての対応は，例えば対象者の職位，ポスト，もしくは配置先によって異なることなく，一貫している**ことが，健全な組織風土の醸成のために必要である[10]。

(3) 従業員の行動に関する事項の例

◎① 従業員の相互協力の促進

　コミュニケーションが乏しく，フランクに話せる雰囲気が希薄な職場では，従業員は自己の視点でしかものを見ようとせず，自己の業務範囲を過度に限定する意識が広がる場合がある。また，担当外の業務を支援して問題が生じた場合に，過度に責任を問う職場では，従業員は責任を問われることを懸念して，自己の担当業務しか行おうとしない意識が広がる場合がある。

　そのため，管理者は，組織目的の達成に向けて部下が相互に協力する組織風土を醸成するために，例えば以下のような事項を，自らの行動，姿勢，指示で継続的に示し，組織内に徹底することが必要である。

《相互に協力する組織風土を醸成するために管理者が行うべき事項の例》
(a) 職場内で日常的に意見し合い，フランクに話せる雰囲気の醸成。
(b) コミュニケーションを取り，互いに"守備範囲"を広げ，協力しながら業務を進める雰囲気の醸成。
(c) 担当外の業務を支援して，問題が生じた場合に，過度に責任を問わない　など。

◎② 必要以上に手順の形式的な遵守を求めない

　管理者が部下に対して，必要以上に手順の形式的な遵守を求める場合には，決められた手順を形式的に守ってさえいれば責任は問われないと考える消極的な意識が職場に広がることがある。そのような意識が広がると，部下は最低限の業務しか行わなくなり，持っている力を十分に発揮しなくなる場合がある。

　そのため，管理者は，部下が業務に幅広く，積極的に取り組むように促すため，**必要以上に手順の形式的な遵守を求めない**ことが必要である。

◎③ ルール違反に対するその場での注意

例えば，工場の構内では走ってはいけないルールになっているが走っているなど，従業員が組織のルールを無視している現場を管理者が見ても注意しない場合，決められたルールを軽視するなど組織文化に次第に悪い影響を及ぼしていく。

そのため，管理者は**組織のルールに違反する行為を目にした場合には，その場で注意する**ことが必要である。

(4) コンプライアンス意識の浸透に必要な事項の例

◎① 行動基準の具体性・網羅性

前述（2.(2)⑤行動基準の徹底と遵守状況の確認）のように，行動基準は，適切なガバナンスと健全な組織文化の基盤となるものであるため，組織内で行われる日々の行動の指針として活用されることが必要である。しかし，行動基準の記載内容が過度に抽象的である場合，もしくは一部業務・職種に限定されている場合には，実際の行動に活用しにくい。

そのため，**行動基準の記載内容は，例えば，以下のような内容を含む具体的，網羅的なものとする**ことが必要である。

《行動基準の具体性・網羅性の例》
(a) 行うべき行動と行うべきでない行動の区分
(b) 基準からの逸脱であるか否かを判断する際の考え方
(c) 違反行為を発見した場合の報告についての考え方
(d) 組織で行われている業務の多くを包含する網羅的な記載
(e) 組織内の多くの者が重要と考えている事項

◎② コンプライアンス教育の定期的実施

コンプライアンスや行動基準は，日々の業務に忙殺されていると，その重要性に対する認識が無意識のうちに低下する場合がある。

そのため，コンプライアンスや行動基準に関する教育を，たとえ短時間（30分から1時間程度）であっても，全員を対象に最低年1回実施することが，組織の全員がそれらの重要性を継続的に認識するために必要である。

4．健全な組織文化の醸成に当たっての留意事項

以下では，健全な組織文化を醸成するに当たって留意すべき事項を，想定される事例とそれへの対応を対比しながら説明する。なお，以下は全て新聞，ネット，および書籍などの公開情報を基に想定した架空の事例である。

(1) 個人の心理面に関する留意事項

◎① "見て見ぬふり"
［想定事例］
　例えば，問題がある事象を目にしても，㋐面倒なことに関わりたくない，㋑間違えていたら後で気まずい思いをする，もしくは，㋒報告しても得にならないなどと考える組織文化が醸成されている場合がある。このような組織文化が醸成されていると，問題のある事象に気付いても，㋐見て見ぬふりをする，㋑周囲と相談しない，㋒上位者や内部通報部門に報告しない，もしくは，㋓自分の担当業務に関する事項であっても調べない場合が発生することが考えられる[11]。
［対　応］
　"見て見ぬふり"をしない健全な組織文化を醸成するために，例えば以下の事項を行うことが必要と考えられる。

〈"見て見ぬふり"をしない健全な組織文化の醸成に必要な事項の例〉
(a) リスクマネジメントや内部統制ではカバーしきれない限界を補完し，"なすべきこと"と"なすべきでないこと"についてのギリギリの判断をする際の

拠りどころとなる**自己の職業に対する意識やプライド，倫理観など個々人の正しい"心のあり方"の涵養**。
(b) 問題のある事象を目にした時には，声を出して伝えられる健全なコミュニケーションとそれを支える上位者と部下との信頼関係の醸成。なお，これは上記(a)と共に，不祥事など問題ある事象を防止するための共通の基盤となる事項である。
(c) 上記(a)，(b)を涵養，醸成する教育・研修の実施。なお，教育・研修は，それに加えて，「原因は分からないが，何かおかしい，違和感がある」と感じた時に，㋐口に出して周囲に伝え，それに対して周囲も耳を傾ける，そして，㋑そのような気持ちを上位者や内部通報部門に報告できる組織文化の醸成に資する内容とすることが必要である。

◎② "性弱説"
[想定事例]
　不正を犯しても隠蔽できる機会を見つけると，人はその誘惑に負ける場合が考えられる。
[対　応]
　人間は誰でも生まれつき弱いと考える**"性弱説"を前提に内部統制を構築**することにより，「不正はいつか発見される，割に合わない行為だ」という認識を組織に浸透させ，不正への誘因をなくすことが必要である。
　内部統制としては，例えば，㋐上位者による確認，㋑ダブルチェック，㋒内部監査，㋓ローテーション，㋔職務分掌，㋕誓約書などが考えられる。

③　受け手の期待によるバイアス
[想定事例]
　例えば，上位者が良い業績を出して欲しいという期待を強く持っている場合には，部下からの報告内容が疑わしくても，疑問を持たずに信じてしまう。また，良い報告はよく聞くが，悪い報告は聞こうとしない，もしくは聞いてもすぐに忘れるなど，報告の受け取り方が受け手の期待により左右されることが考

えられる⁽¹²⁾。

［対　応］
　上位者が自己の期待に左右されず，客観的に報告内容を判断するためには，リスクへの感度を磨くことが必要である。そのためには，リスクへの感度を磨くことに力点を置いた教育・研修を定期的に行うことが必要である。なお，研修内容については，第9章（リスク管理能力の向上に資する研修）を参照のこと。

(2) 組織行動に関する留意事項

◎① 過信と思い込み
［想定事例］
　組織の管理体制を過信し，リスクが顕在化することはあり得ないと思い込んでいる場合には，甚大な影響を及ぼす重大リスクがあっても，そのようなリスクを想定して，その重大性に見合った水準の対応を行っていないことが考えられる。

　例えば，以下のようなケースが想定される。大量の個人情報を収集・活用する事業を行っている組織が，情報セキュリティ対策を充実させていることから，組織の情報セキュリティは高い水準にあると過信し，大量の個人情報の流出はあり得ないと思い込んでいる。その場合には，**そのような情報流失を現実に発生する可能性がある具体的なリスクとまでは想定しておらず，一般的な漏洩防止策**（注1）**は講じているが，リスクの重大性に見合った水準の情報セキュリティ管理体制**（注2）**までは構築していない**ことが考えられる⁽¹³⁾。

（注1）　一般的なレベルでの漏洩感知システムの設定，ログの監視および取得・保存など。

（注2）　不審な徴候を少しでも把握した場合には，ログの監視にとどまらず，漏えいの有無を積極的に確認・検証するなどの徹底的な漏洩防止対応など。

第2章　ガバナンスと組織文化

［対　応］
　顕在化した場合に甚大な影響を及ぼす重大リスクについては，組織の管理体制を過信せず，リスクが顕在化することはあり得ないとの思い込みを捨てる。そして，**現実にリスクが顕在化することを想定し，リスクの重大性に見合った水準の対応を行う**ことが必要である。

◎②　実害はないが社会からの信頼を裏切ると受け取られる行為
　［想定事例］
　　安全や品質の基準から外れていても，過去に実害が発生したことがないことや，品質が同等であり事実上変わらないことを理由に，基準逸脱を見過ごした場合には，社会から信頼を裏切る，もしくは誠実性に欠ける行為と受け取られることが考えられる。
　　例えば，㋐安全基準から逸脱しても，過去の経験から安全に影響がないと考える範囲内であれば，データを偽装して基準に適合しているように見せかける場合や，㋑過去の経験から品質に影響がないことが分かっているため，賞味期限を僅かに過ぎた食材を使用して食品を製造する場合などが該当する。
　［対　応］
　　たとえ，実害がない，もしくは品質に影響がないことが分かっていても，**㋐社会から信頼を裏切る，もしくは誠実性に欠けると受け取られる行為や，㋑社会に説明できない行為**が組織内で行われていないか確認し，必要な是正を行うことが必要である。

◎③　過去の経験や専門性に捉われる
　［想定事例］
　　組織の過去の経験や専門性を過度に重視するため，リスクがあっても必要な確認や検討を行わない，もしくは社会の常識や社会が組織に求める期待を軽視する。また，これまで大きな事故や不祥事は発生していないから，これからも発生しないだろうと楽観的に考えて，リスクが顕在化する兆候を見逃したり，

兆候を把握しても必要な対応を行わないことが考えられる。
[対　応]
　事案に対応する際には，過去の経験や専門性に捉われることなく，社会の常識や社会が組織に求める期待は，時代と共に変化することを認識することが必要である。そして，**変化した社会の常識や期待に照らして現在の自らの行動が社会からどのように受け取られるのか確認する**ことが必要である。

◎④　影響を受ける関係者を認識しない
[想定事例]
　職場全体で，各人が担当業務をこなすだけの受け身の状態になり，自分の業務を進めるために直接必要な前後の関係者（直接の縦のライン）のことしか認識できない場合がある。その場合には，自分の業務が上記以外の他の関係者（横のライン）へ及ぼす影響を認識できず，現在の業務の進め方では全体で見るとマイナスの影響を及ぼしているが，当人はそれを認識していない事態が考えられる。
[対　応]
　管理者は，職場の各人が**業務を進めるために直接必要な前後の関係者以外も意識し，自分の業務の進め方が周囲の関係者に及ぼす影響を考える意識を醸成する**ことが必要である。

(3)　コミュニケーションに関する留意事項

◎①　上位者と部下とのコミュニケーション不足
[想定事例]
　上位者が例えば，以下のような状況を作ると，部下との円滑なコミュニケーションが阻害されると考えられる。

《部下とのコミュニケーションを阻害する上位者の行動の例》
(a) 上位者がいつもパソコンに向かって忙しそうなオーラを発して，話しかけにくい雰囲気を作っているなど，部下から報告を受けようとする姿勢を示していない場合には，部下は必要最低限の報告しかしなくなる。
(b) 上位者が自分の話をすることが多く，部下の話を聞くことが少ない場合には，部下は必要最低限の報告しかしなくなる。
(c) 部下から見て，上位者が聞きたい報告だけを求めるように見える場合には，部下は上位者が聞きたいと考える報告しかしなくなる。
(d) 部下が上位者の顔色を見て，事（業務上の判断）の良し悪しを判断する意識が醸成されている場合には，上位者の判断が間違っていても，部下は間違えていると明確に示せる根拠がない限り，疑問があっても発言せず従う。
(e) 指示した内容を部下が理解しているかの確認が不十分な場合には，上位者が伝えたと思っていたことが伝わらないことが起きる。
(f) 上位者が正論しか話さない，もしくは組織方針をそのまま話すだけの場合には，上位者の"想い"や"情熱"が部下に伝わらず，上位者が伝えようとしたことが正しく伝わらない　など。

[対　応]
　上位者は例えば，以下のような点に留意して，部下と円滑なコミュニケーションを取れるようにすることが必要である。
(a) 部下が話しかけやすい雰囲気を作るなど，部下の目からから見て報告を受けようとしている姿勢を示す。
(b) 部下と話す時には，自分が話す時間よりも，部下の話を聞く時間を長くする。
(c) 部下の側からから見て，聞きたい報告だけを求めていると受け取られる態度を取らない。部下からの報告はたとえ関心がないことでも，できるだけ聞くように努める（聞けば聞くほど，部下は報告するようになる）。
(d) 部下が自分の顔色を見て，事（業務上の判断）の良し悪しを判断する意識を作らないために，部下とフランクに話せる関係を作るよう努める。
(e) 指示した内容を部下が理解していることを確認する（「伝える」ことよ

りも,「伝わる」ことを重視する)。
　(f) 自分の"想い"や"情熱"が伝わるように話す。
　なお,部下とのコミュニケーションについては,後述の「第4章1.(1)管理者が部下とのコミュニケーションの機会を作る行動の例」も参照のこと。

② 部門間のコミュニケーション不足
［想定事例］
　例えば,以下のような状況を作ると,部門間の円滑なコミュニケーションが阻害されると考えられる。

《部門間のコミュニケーションが阻害される要因の例》
(a) 監査部門やコンプライアンス部門などリスク関係の部門と接するのは,問題が起きた時だけと考え,それらの部門との接触にマイナスイメージを持っている場合には,リスク関係部門に必要な情報が伝達されない。
(b) 関係部門との情報共有の重要性を認識していない場合には,要望された最低限の情報しか提供しないため,関係部門に必要な情報が十分に伝達されない　など。

［対　応］
　リスク情報を関係部門間で共有する組織文化の醸成が必要である。また,後述する「第6章5.本社スタッフ部門の留意事項」も参照のこと。

(4) その他の留意事項

◎① プレッシャーへの対応
［想定事例］
　例えば,戦略上の必要により高い目標を設定し,プレッシャーが高くなっている場合には,データ改ざん,架空取引などのコンプライアンスに違反してでも目標を達成しようとする誘因となる場合がある。このように,**プレッシャーが高まると,コンプライアンス上疑義ある行為や社会の期待に反すると受け取**

られる行為を，無意識のうちに，もしくはやむを得ないことと判断して行ってしまう場合がある。プレッシャーを高める要因としては，例えば以下のような要因が想定される。

《プレッシャーを高める要因の例》
(a) 目標達成：現有戦力と比較して著しく高く設定された目標達成への取組み。および，個人の能力・資質を超えた目標設定や業務の指示・分担。
(b) 効率化：投入可能な経営資源（ヒト・モノ・カネ）と比較して過大な効率化への対応。
(c) 環境変化：急激な事業環境変化への対応。
(d) 成功報酬：短期的な業績に偏った成功報酬の獲得　他。

［対　応］
　業務に伴い発生するプレッシャーを把握するために，**求められる業務の水準（質・量）と投入可能な経営資源（ヒト・モノ・カネ）とが大きく乖離して，業務負荷が過大となっていないか定期的に確認する**ことが必要である。そして，必要な場合には，プレッシャーを適切な水準まで低下させるために，例えば，㋐業務量や目標の調整，㋑個人の能力・資質を踏まえた目標設定や業務の指示・分担，㋒要員や予算等の経営資源の投入量の再検討，もしくは，㋓プレッシャーの高さに見合った水準の管理などを行うことが必要である。

◎② 表面化した事象に限定した再発防止策

［想定事例］
　リスクが顕在化した時，現実に発生した個別事象に対する再発防止への意識は高いが，まだ経験していないが類似の要因により今後発生する可能性がある事象の発生防止に対する意識が相対的に低い場合がある。その場合には，問題が発生した時の対応が，**表面化した個別事象の分析とそれへの対策に限定されており，背景にある業務環境，組織文化，もしくは技術的な課題などの根本的な原因の究明や，それへの対策の検討が行われない**。また，類似の原因により今後発生する可能性がある事象への対策までは検討されない。そのため，時間

の経過と共に問題が忘れられ，類似の事象が再発することが考えられる。
［対 応］
　再発防止策を策定する時には，表面化した個別事象への対応に限定せず，背景にある根本的な原因を究明することが必要である。そして，類似の原因により今後発生する可能性がある他の事象を想定して，それへの対応を含めて検討することが必要である。

注
(1) 「改訂版COSO-ERM公開草案」（27頁92.）では「リスクガバナンスと文化は共に，全社的リスクマネジメントの他の全ての構成要素の基礎である」（筆者仮訳，以下同じ）と述べており，本書はそれを参考にして記載した。
(2) 「改訂版COSO-ERM公開草案」（28頁95.および37頁144.）では取締役会のリスク監視に対する責任，および経営者が取締役会にリスク情報を提供することの意義と必要性について述べている。また，同草案（28頁93. 同頁96.）では，取締役会がリスク監視を行う方法について述べている。本書はそれらを参考にして記載した。
(3) 「改訂版COSO-ERM公開草案」（28頁97.および37頁144.）では，取締役会が有効なリスク監視を行うために必要な事項，および経営者が取締役会にリスク情報を提供することの意義と必要性について述べており，本書はそれを参考にして記載した。
(4) 「改訂版COSO-ERM公開草案」（34頁127.および128.）では，誠実性と倫理観を重視する組織文化の醸成に経営者の行動が大きな影響を及ぼすことが述べられており，本書はそれを参考にして記載した。
(5) 「改訂版COSO-ERM公開草案」（33頁125.および34頁126.）は，リスクに注意を払う文化を醸成するために必要な事項，およびその意義と必要性について述べており，本書はそれを参考にして記載した。
(6) 「改訂版COSO-ERM公開草案」（30頁103.）は，組織が持つ偏った見方や判断（偏見）の例について述べており，本書はそれを参考にして記載した。
(7) 「改訂版COSO-ERM公開草案」（37頁144.）は，リスクについての開かれたコミュニケーションの意義と必要性について述べており，本書はそれを参考にして記載した。

(8)　「改訂版COSO-ERM公開草案」（33頁125.）は，従業員参加型の経営方式の意義と必要性について述べており，本書はそれを参考にして記載した。

(9)　「改訂版COSO-ERM公開草案」（38頁153.）は，報奨制度を組織目的と整合させることの意義と必要性について述べており，本書はそれを参考にして記載した。

(10)　「改訂版COSO-ERM公開草案」（36頁137.）は，行動基準違反に対する一貫した対応の必要性について述べており，本書はそれを参考にして記載した。

(11)　山口利昭著『不正リスク管理・有事対応』（有斐閣　2014年9月）は，不正・不祥事をもたらす組織風土上の要因，陥りやすい心理状況，および必要な対応について，リスクマネジメントの観点から詳細かつ体系的に説明している。また，不正・不祥事を防止するために注意すべき事項や取るべき対応についての具体的な事例が多数紹介されており，実務で活用できる内容となっている。

　　同書では，"見て見ぬふり"をする個人の心理状況について詳細に説明しており，本書は主に同書の4頁，44頁，117頁，134頁を参考にして記載した。

(12)　山口利昭著『不正リスク管理・有事対応』（有斐閣　2014年9月）の158頁では，報告を受ける者が持つ期待によるバイアスの問題点について説明しており，本書はそれを参考にして記載した。

(13)　B社「個人情報漏洩事故調査委員会による調査結果について」（2014年9月）の6頁，7頁を参考にして記載。

◀チェックリスト▶

■取締役会と経営者の役割 ☞ 2.(p.14)

(1) 取締役会による全社的リスクマネジメントの監督

No.	項　　目	評価
1	取締役会と経営者の全社的リスクマネジメントに対する責任 　(a)　経営者は，全社的リスクマネジメントを適切に整備，運用すると共に，整備，運用状況を定期的に評価し，取締役会に報告していますか。 　(b)　担当執行役員を委員長とするコンプライアンス委員会や情報セキュリティ委員会などの特定目的の委員会を設置している場合には，経営者は上記委員会でのリスクマネジメントの整備，運用状況を評価し，評価結果を定期的に取締役会に報告していますか。 　(c)　取締役会は，上記(a)，(b)を通して，経営者の全社的リスクマネジメントの整備，運用状況を監督していますか。	
2	監督に必要な情報の報告 　経営者は，取締役会が全社的リスクマネジメントの整備，運用状況を適切に監督できるように，重大リスクや内外の重大な環境変化をはじめとする経営に関する重要事項など適切な監督に必要な情報を取締役会に適時，適切に報告していますか。	

(2) 経営者の明確な意思表示

No.	項　　目	評価
1	誠実性と倫理観に対する明確な意思表示 　経営者は，誠実性と倫理観を重視する健全な組織文化を醸成するために，㋐自身が誠実性と倫理観を重視した行動を取ること，および，㋑誠実性と倫理観を重視し，それに反する行為は許されないこ	

	とを，自らの行動，姿勢，指示で継続的に示し，明確に意思表示していますか。	
2	リスクに注意を払う組織文化の醸成 　経営者は，全社的リスクマネジメントの重要性を組織に浸透させ，リスクに注意を払う組織文化を醸成するために，例えば以下について自らの行動，姿勢，指示で継続的に示し，明確に意思表示していますか。 　(a)　従業員が担当業務に関連するリスクに注意を払い，リスクを適切に管理することは，各人の業務上の責任であること。 　(b)　リスクを適切に管理することは組織の成長と存続にとって大変重要であること。	
3	リスクマネジメントに対する責任の確実な履行 　経営者は従業員に対して，例えば顕在化したリスクの迅速な報告や，想定されるリスクへの対応策の策定など，担当業務のリスクマネジメントに対する責任は確実に履行しなければならないことを，自らの行動，姿勢，指示で継続的に示し，明確に意思表示していますか。	
4	組織目的・経営に対する考え方などの説明 　経営者は，組織の全員が同じ方向で考え，全体最適を考えて行動できる組織文化を醸成するために，例えば以下のような組織における重要事項を，組織の全員が理解し，各人の行動に反映できる分かりやすい言葉で説明していますか。 　(a)　組織は何を提供することを目的としているのかという組織目的やその前提となる経営理念 　(b)　自身の経営に対する思いや考え方 　(c)　現在の経営環境に対応するための自身の考えとそれに基づいた組織の進むべき方向や取り組むべき事項	
5	行動基準の徹底と遵守状況の確認 　経営者は，行動基準を策定し，その遵守を自らの行動，姿勢，指示により徹底していますか。また，遵守状況を確認させ，報告を受け，必要な指示を行っていますか。	

■健全な組織文化の醸成に必要な事項 ☞ 3.(p.18)

(1) 意思決定や組織のあり方に関する事項の例

No.	項　　目	評価
1	偏った見方・判断の確認・是正 　組織内にある例えば，以下のような偏った見方や判断の有無を確認し，必要な是正を行っていますか。 　(a) 組織内での支配的な考え方，多数意見，業界慣行への問題意識のない同調，一方的な追従，過度な依存。 　(b) 組織固有の事情を過度に重視するあまり，組織に対する社会からの期待や社会常識からの乖離を過小評価する，もしくは認めようとしない姿勢。 　(c) 意向に沿わない情報に対する意図的な無視や無関心。 　(d) 重大リスクが顕在化しても，事態を楽観視し，その重大性に応じた対応を取らない姿勢。 　(e) 現在顕在化しているリスクへの対応を重視するあまり，将来顕在化する可能性があるリスクへの対応を不釣り合いに軽視する傾向。 　(f) リスクを過度に取る，もしくは過度に回避するなど，偏ったリスクの取り方。	
2	社会常識との乖離の防止 　顕在化したリスク事案に対応する時には，組織の現在の行動が，時代の変化に伴い社会常識と乖離していないか確認した上で，対応を判断していますか。	
3	基幹業務の厳格な遂行 　例えば，食品事業における食の安全の確保など組織がその特性上社会から厳格な遂行を強く求められている基幹業務については，その厳格な履行を最優先すべきことが，第一線の従業員も含めて組織内で徹底されていますか。 　また，基幹業務の進め方について，現在の社会が組織に求める期待を把握したうえで，例えば以下のような視点から，定期的に棚卸	

No.	項目	評価
	しをしていますか。 (a) 現在の社会の期待を満たしているか。 (b) 社会からどのように見られているか。 (c) 社会の目線や常識と乖離していると受け取られることはないか。	
4	社会の目線や常識に照らした判断 　リスク事案への対応を検討する時に，組織の専門的な知識・経験や組織の論理・価値観に捉われず，社会の目線や常識に照らして対応を判断できるように，平時から留意していますか。	
5	社会的な位置付けにふさわしい組織体制の整備 　組織の規模や業容が拡大し，社会的な位置付けが向上している場合には，㋐その規模にふさわしい管理・監督体制の整備，㋑社会的責任に対する認識の向上，および㋒プライベートな時間も含めたコンプライアンス意識の醸成を進めていますか。	

(2) 組織運営に関する事項の例

No.	項目	評価
1	組織目的や担当業務の目的の理解 　部長やマネージャー等の管理者は部下に対して，㋐組織目的，㋑各自が担当業務を行う目的，および㋒各自の業務が部門の中で，ひいては組織全体の中でどのような位置付けにあるのかを説明し，部下が業務を行う目的を腹落ちできるようにしていますか。	
2	リスクについての開かれたコミュニケーション 　管理者はリスクについて開かれたコミュニケーションを取ること，およびリスクについて積極的，率直に議論することの重要性を，自らの行動，姿勢，指示で継続的に示し，組織内に徹底していますか。	
3	職場の業務計画や方針策定への従業員の参加 　管理者は，部下が業務計画や方針の実施に対する当事者意識を高めるために，また想定されるリスクを議論しリスクに対する認識を	

	深めるために，部下を職場の業務計画や方針の策定に参加させて，議論させていますか。 　また，経営者や部門長に報告する前に，業務計画や方針を職場内でオーソライズしていますか。	
4	多様な意見や発想の重視（ダイバーシティ） 　組織を取り巻く環境の変化が大きい場合には，環境変化に伴い新たに発生するリスクに対応するために，またリスク対応策を変化に対応したものにするために，多様な意見や発想を促していますか。	
5	報奨制度と組織目的との整合 　業績評価項目・報酬制度・表彰制度などの報奨制度は，各種業績目標の達成や望ましい行動の促進などの組織目的の達成と齟齬を生じないように設計，運用していますか。	
6	業務の目的や役割・期待の明示 　管理者は，部下一人ひとりに対して，担当する業務の目的や各人の役割・期待を明示していますか。また，役割・期待の達成度に応じて評価や報酬が決まることを部下が理解できるように業績評価を行い，評価結果とその理由を十分説明していますか。	
7	行動基準への違反に対する一貫した対応 　行動基準に違反する行為に対する懲戒処分や注意喚起などの組織としての対応は，例えば対象者の職位，ポスト，もしくは配置先によって異なることなく，一貫していますか。	

(3) 従業員の行動に関する事項の例

No.	項　　目	評価
1	従業員の相互協力の促進 　管理者は，組織目的の達成に向けて部下が相互に協力する組織風土を醸成するために，例えば以下のような事項を，自らの行動，姿勢，指示で継続的に示し，組織内に徹底していますか。 　(a) 職場内で日常的に意見し合い，フランクに話せる雰囲気の醸成。	

	(b) コミュニケーションを取り，互いに"守備範囲"を広げ，協力しながら業務を進める雰囲気の醸成。 (c) 担当外の業務を支援して，問題が生じた場合に，過度に責任を問わない。	
2	**必要以上に手順の形式的な遵守を求めない** 　管理者は，部下が業務に幅広く，積極的に取り組むように促すために，必要以上に手順の形式的な遵守を求めないようにしていますか。	
3	**ルール違反に対するその場での注意** 　例えば，工場の構内では走ってはいけないルールになっているにもかかわらず走っているなど，従業員が組織のルールに違反する行為を管理者が目にした場合には，その場で注意していますか。	

(4) コンプライアンス意識の浸透に必要な事項の例

No.	項　　　目	評価
1	**行動基準の具体性・網羅性** 　行動基準の記載内容は，日々の行動の指針として活用されるように，例えば以下のような内容を含む具体的，網羅的なものとなっていますか。 (a) 行うべき行動と行うべきでない行動の区分 (b) 基準からの逸脱であるか否かを判断する際の考え方 (c) 違反行為を発見した場合の報告についての考え方 (d) 組織で行われている業務の多くを包含する網羅的な記載 (e) 組織内の多くの者が重要と考えている事項	
2	**コンプライアンス教育の定期的実施** 　コンプライアンスや行動基準の重要性を組織内の全員が継続的に認識できるようにするために，それらに関する教育を，たとえ短時間（30分から1時間程度）であっても，全員を対象に最低年1回実施していますか。	

■健全な組織文化の醸成に当たっての留意事項 ☞4.(p.26)

(1) 個人の心理面に関する留意事項

No.	項　　　　目	評価
1	"見て見ぬふり"をしない（「"見て見ぬふり"」を参照） 注：（　）内は，各章の本文に記載した該当箇所の項目名を示す（以下同じ）。 　"見て見ぬふり"をしない健全な組織文化を醸成するために，例えば以下の事項を行っていますか。 　(a)　リスクマネジメントや内部統制ではカバーしきれない限界を補完し，"なすべきこと"と"なすべきでないこと"についてのギリギリの判断をする際の拠りどころとなる自己の職業に対する意識やプライド，倫理観など個々人の正しい"心のあり方"の涵養。 　(b)　問題のある事象を目にした時には，声を出して伝えられる健全なコミュニケーションとそれを支える上位者と部下との信頼関係の醸成。 　(c)　上記(a)，(b)を涵養，醸成する教育・研修の実施。	
2	"性弱説"を前提とする（「"性弱説"」を参照） 　人間は誰でも生まれつき弱いと考える"性弱説"を前提に内部統制(注)を構築して，「不正はいつか発見される，割に合わない行為だ」という認識を組織に浸透させ，不正への誘因をなくしていますか。 　（注）　㋐上位者による確認，㋑ダブルチェック，㋒内部監査など	

(2) 組織行動に関する留意事項

No.	項　　　　目	評価
1	過信と思い込みを排する　（「過信と思い込み」を参照） 　顕在化した場合に甚大な影響を及ぼす重大リスクについては，自	

	組織の管理体制を過信せず，リスクが顕在化することはあり得ないとの思い込みを排していますか。そして，現実にリスクが顕在化することを想定して，リスクの重大性に見合った水準の対応を行っていますか。	
2	社会からの信頼を裏切ると受け取られる行為の確認・是正　（「実害はないが社会からの信頼を裏切ると受け取られる行為」を参照） 　　たとえ，実害がない，もしくは品質に影響がないことが分かっていても，㋐社会からの信頼を裏切る，もしくは誠実性に欠けると受け取られる行為や，㋑社会に説明できない行為が，組織内で行われていないか確認し，必要な是正を行っていますか。	
3	過去の経験や専門性に捉われない　（「過去の経験や専門性に捉われる」を参照） 　　事案に対応する際には，過去の経験や専門性に捉われることなく，社会の常識や社会が組織に求める期待は，時代と共に変化することを認識していますか。そして，変化した社会の常識や期待に照らして，現在の自らの行動が社会からどのように受け取られるのか確認していますか。	
4	影響を受ける関係者の認識　（「影響を受ける関係者を認識しない」） 　　管理者は職場の各人が，業務を進めるために直接必要な前後の関係者以外も意識し，自分の業務の進め方が周囲の関係者に及ぼす影響を考える意識を醸成していますか。	

(3)　コミュニケーションに関する留意事項

No.	項　目	評価
1	部下との円滑なコミュニケーション　（「上位者と部下とのコミュニケーション不足」を参照） 　　上位者は例えば，以下のような点に留意して，部下と円滑なコミュニケーションを取れるようにしていますか。 　　(a)　部下が話し掛けやすい雰囲気を作るなど，部下の目から見て報告を受けようとしている姿勢を示す。	

(b) 部下と話す時には，自分が話す時間よりも，部下の話を聞く時間を長くする。
(c) 部下の側からから見て，聞きたい報告だけを求めていると受け取られる態度を取らない。部下からの報告は，たとえ関心がないことでも，できるだけ聞くように努める。
(d) 部下が自分の顔色を見て，事（業務上の判断）の良し悪しを判断する環境を作らないために，部下とフランクに話せる関係を作るように努める。
(e) 指示した内容を部下が理解していることを確認する。
(f) 自分の"想い"や"情熱"が伝わるように話す。

(4) その他の留意事項

No.	項　　　目	評価
1	プレッシャーへの対応 　業務に伴い発生するプレッシャーを把握するために，求められる業務の水準（質・量）と投入可能な経営資源（ヒト・モノ・カネ）とが大きく乖離して，業務負荷が過大となっていないか定期的に確認していますか。 　そして，必要な場合には，プレッシャーを適切な水準まで低下させるために，例えば，㋐業務量や目標の調整，㋑個人の能力・資質を踏まえた目標設定や業務の指示・分担，㋒要員や予算等の経営資源の投入量の再検討，もしくは，㋓プレッシャーの高さに見合った水準の管理などを行っていますか。	
2	根本原因の究明と類似事案の発生防止（「表面化した事象に限定した再発防止策」を参照） 　リスクが顕在化して，再発防止策を策定する時には，表面化した個別事象への対応に限定せず，背景にある根本的な原因（注）を究明していますか。そして，類似の原因により今後発生する可能性がある他の事象を想定して，それへの対応も含めて検討していますか。 　（注）業務環境，組織文化，もしくは技術的な課題など	

第3章 全社的リスクマネジメント体制とPDCAサイクル ——実施事項②

Summary

本章では，リスク管理部門など全社的リスクマネジメントの実務を担当されている方を念頭に，全社的リスクマネジメント体制の整備，運用とPDCAサイクルの回し方について説明する。

まず，全社的リスクマネジメント体制を整備，運用する実務で留意すべき事項を，㋐対象とするリスク，㋑リスク管理部門，および，㋒リスクマネジメント委員会に分けて説明する。次に，全社的リスクマネジメントのPDCAサイクルを回すためにリスク管理部門が果たすべき役割と留意すべき事項を説明する。

Keywords

リスク管理部門，リスクマネジメント委員会，モニタリング，意思決定のサポート，部門間調整，PDCAサイクルの中心

1．対象とするリスク

◎① 子会社と戦略に関するリスク

全社的リスクマネジメントは，前述のとおり，子会社(注1)を含む組織全体の全ての重要リスクとその対応策を対象としており，戦略に関するリスク(注2)も対象としている。

そのため，リスクマネジメント規則などの規則に，子会社が適用対象と規定

されていること，および同規則別表の「重要リスク一覧表」などに，戦略に関するリスクが記載されていることが必要である。

(注1)　子会社が対象となることについては，「第1章2.(1)全社的リスクマネジメントの定義」を参照のこと。

(注2)　戦略に関するリスクが含まれることについても，上記第1章2.(1)を参照のこと。また，戦略に関するリスクとしては，例えば以下が該当する。㋐新戦略○○で計画していた目標（市場シェア○○％，利益○○○億円）が，達成できない／大幅に遅延すること，㋑戦略商品○○の開発ができない／大幅に遅延すること，もしくは，㋒生産拠点の海外移転が大幅に遅延すること等。

◎② 危機管理・BCP

　上記のとおり，全社的リスクマネジメントは，組織全体の全ての重要リスクとその対応策を対象とすることから，対象となるリスク対応策は，リスクの未然防止や教育・研修など平時の対応体制に限定されず，有事の対応体制も対象となる。

　そのため，危機管理やBCP（Business Continuity Plan；事業継続計画）など，有事の対応体制についても最低限，平時における体制整備までは対象とすることが必要である。また，そのことが，リスクマネジメント規則などの規則に規定されていることが必要である。

◎③ 顕在化を防止する手段がないリスク

　上記のとおり，全社的リスクマネジメントは，全ての重要リスクを対象とすることから，対象となるリスクは，組織が独力でコントロールでき，顕在化を防止したり，影響を低減できるリスクに限定されない。

　そのため，例えば，株価の変動や年金資産の数理差異の変動に伴う評価損，もしくは米国のトランプ大統領の就任に伴ういわゆる"トランプショック"など，組織が**顕在化を防止したり，影響を低減する手段がないリスクも対象とする**ことが必要である。このようなリスクがあること，つまり**リスクの存在を認識していることが，リスクが顕在化した時に，適切な判断を行い，損失を最小**

限に抑制するために必要である。このようなリスクがあることを認識していない場合，リスクが顕在した時に，適切な判断が行えず，対応が後手に回ることがある。

　リスクマネジメントは，リスクのコントロールを目的として行われることが多いため，リスクの把握とコントロールをセットで考えがちである。その結果，組織でコントロールできない事象は，リスクとして把握されていない場合があるため注意が必要である。

◎④　**発生可能性は低いが影響度が甚大なリスク**

　リスクは通常，影響度と発生可能性で評価されることが多いため，影響度が大きくても発生可能性が低いリスクは，重大性が低いように見える場合がある。しかし例えば，巨大津波や広域大規模停電など，**発生可能性は低いが顕在化した場合の影響度が甚大なリスクは，めったに起きないため，普段は注意せず無防備になっており，実際に起こった時に戸惑って十分な対応ができず，大きな損失を受ける場合がある。**

　そのため，発生頻度は低いが顕在化した場合の影響が甚大なリスクは，全社的リスクマネジメントの対象としておくことが必要である。

2．リスク管理部門

① **リスク管理部門の設置**

　全社的リスクマネジメント体制を運用する場合，それを担当する部門，グループやチーム，もしくは担当者（以下，「リスク管理部門」という）を設置することが必要である。

　金融機関や総合商社等の業種を除き，リスク管理部門は，リスク管理部など独立した専任の部門としては設置されていない場合も多い。例えば，経営企画部，内部統制推進部，もしくはCSR部などの既存のスタッフ部門の中の機能の一つとして，グループやチーム，もしくは担当者がその機能を担っている場合

も多い。その場合，リスク管理機能は，その時々の経営環境の下で必要とされる役割を果たすことができる部門の中に設置される。そして，経営環境の変化に伴い求められる役割が変化した場合には，その役割を果たすために適切な部門に機能移管されることがある。

◎② 満たすべき要件

前述したとおり，全社的リスクマネジメントは「全ての重要リスクを対象とし，組織全体としてリスクを適切に管理する」(注)役割を持っている。

そのため，リスク管理部門は，以下の要件を満たすことが必要である。

〈リスク管理部門が満たすべき要件〉

(a) 独立性・客観性

例えばコンプライアンスリスクを主管するコンプライアンス部門など，全社的リスクマネジメントの管理対象となるリスクを主管する部門の中に設置されていないこと。これが満たされない場合，対象部門から独立して必要な監視・牽制を行えず，また，客観的な第三者として，部門間調整を行えない。なお，リスク管理部門の担当執行役員は，コンプライアンス部門など管理対象となるリスクを主管する部門を所管していないことが，リスク管理部門の独立性を確実にするためには望ましい。

(b) 権限と責任

㋐リスクの特定と評価，㋑対応状況の評価，㋒リスクマネジメント上の課題への改善提言，および，㋓課題解決のための関係部門間調整などを行う権限と責任を持っていること。

(c) 報告ルート

取締役会および経営者へ，定期的に全社的リスクマネジメントの現状と課題を報告し，必要な対応を具申するなど，取締役会や経営者への報告ルートを持っていること。

(d) 組織上の位置付け

上述の独立性・客観性，権限と責任，および報告ルートなどの組織上の位置付けは，リスクマネジメント規則などの規則により規定され，明確になっていること。

(e) 担当者

　　担当者は，全社的リスクマネジメントに関する知識・経験，および内部統制やガバナンスなどの関連知識など，専門性を有する者が専任者として配置されていること。

(注)　全社的リスクマネジメントのこの役割については，「第1章**2.**(1)全社的リスクマネジメントの定義」を参照のこと。

◎③　**人事評価や予算への反映**

　　一般に組織内では，特定業務の重要性は，当該業務の担当者の人事評価，および当該業務が持つ予算上の権限や当該業務への予算措置によって判断されることが多い。

　　そのため，経営者は，**全社的リスクマネジメントを重視する自らの意思を，リスク管理担当者の人事評価や，リスク管理部門の予算上の権限や予算措置に反映させる**ことが必要である。つまり，経営者の意思と人事評価や予算との整合性を取ることが必要である。

◎④　**有事の総合調整機能を付与する場合**

　　有事の際に確実に機能する実効性ある危機管理体制やBCPを構築するために，リスク管理部門に，有事の経営サポート，全社調整，および当該危機の主管部門の支援など有事の総合調整機能を付与する場合がある。その場合には，**同部門の機能は，㋐組織上経営者に近く，㋑組織全体の情報が集まり，㋒組織内の政策調整機能を有する，いわば"ハブ"や"扇の要"の役割を担う部門の中に設置する**ことが必要と筆者は考えている。このような体制を構築すれば，経営者はリスク管理部門を通して，有事対応も含めた全社的リスクマネジメントを適切かつ確実に実施できる（「第8章**1.**(1)リスク管理部門の担当範囲」参照）。

◎⑤　**重要リスク把握漏れの防止**

　　各部門は過去の経験からリスクを捉えたり，また認めたくないリスクもある

ため，各部門にリスクの把握を委ねると，把握が漏れる場合がある。リスクとしては把握していたが重大度が低いと判断して対応しない場合と，そもそもリスクとして把握していないため対応しない場合とでは，リスクが顕在化した時の対応の有効性が大きく異なるため，漏れのないリスク把握が重要である。

　そのため，リスク管理部門は，重要リスクを漏れなく把握するために，**リスクの把握を各部門からの報告のみに依存せず，報告されたリスクに漏れはないか自ら確認・検証する**ことが必要である。そして，報告が漏れているリスクがある場合には，追加報告を依頼すると共に，現在のリスクの状況と対応状況を確認することが必要である。

◎⑥　特定の重要リスクを主管する統括管理部門の明確化

　情報セキュリティやコンプライアンスに関するリスクなど，組織全体で管理する必要がある特定の重要リスクを統括的に管理する責任や権限を持つ統括管理部門が明確に定められていない，もしくは存在しない場合がある。

　また，上記統括管理部門が定められていても，大規模な組織再編が行われた場合には，統括管理機能が再編後のどの部門に承継されるのかが不明確になっていることがある。このように，重要リスクの統括管理部門が不明確な場合には，リスクの把握に漏れが生じたり，対応が不十分なまま改善されない状況が生じることがある。

　そのため，このような場合には**リスク管理部門は，リスクの統括管理部門を業務分掌や規程などで明確に定めるよう，関係部門に働きかけを行う，もしくは経営者に具申する**ことが必要である。

3．リスクマネジメント委員会

① 目　　的

　リスクマネジメント委員会の目的は，組織全体を俯瞰して，全社的リスクマネジメントの整備，運用状況を確認・評価し，取締役会や経営会議に報告，具

申することにより，全社的リスクマネジメントの適切な整備，運用を実現することである。

なお，有事には別途，危機対策本部などの非常体制が設置される場合には，リスクマネジメント委員会の役割は平時での活動に限定される。

② 構　成

委員長は，経営者もしくはリスク管理部門の担当執行役員である。委員は，経営者が委員長の場合は経営会議メンバーであり，担当執行役員が委員長の場合は主要部長，主要子会社の社長もしくは常務クラスである。なお，モニタリング的な性格が強い場合には，常勤監査役がオブザーバーとなる場合がある。事務局は，リスク管理部門である。

③ 付議事項

リスクマネジメント委員会への付議事項としては，例えば以下の事項がある。

《付議事項の例》
(a) リスクマネジメントの枠組みに関わる事項の検討
(b) リスクマネジメント規則で指定する重要リスクの追加，見直し，廃止
(c) リスク対応策の策定および実施状況の確認・評価，改善要請
(d) 顕在化したリスク事案の情報共有，および再発防止策の策定・実施状況の確認・評価，改善要請
(e) 危機対応など緊急を要する全社横断的な問題への対応　(当該リスクを所管する危機対策本部が指定されていない場合)
(f) その他，全社的リスクマネジメントの整備，運用に関する事項

④ 役　割

リスクマネジメント委員会の主な役割は，例えば以下の2点と考えられる。第1に，組織全体のリスクマネジメントの整備，運用状況を組織全体の視点で確認・評価し，必要な場合には改善提言することである。なお，地震防災や情

報セキュリティなど個別のリスクを主管する部門もしく委員会が所管する個別・具体的なリスク対応策の策定には直接関与しない。

　第2に，多様な視点での議論の場としての役割である。リスクは多岐にわたるため，リスクの管理状況を組織全体で俯瞰して，多様な視点で確認・評価することが，組織全体として最適なリスク対応を行うために必要である。経営会議メンバーや主要部門の部長クラスが多様な視点で検討を行い，いわば，英知を結集する場としての役割である。

〈各種BCP策定におけるリスクマネジメント委員会の役割の例〉
　BCPは，地震災害，事故，IT障害などのリスク毎に，その策定を主管する委員会が異なり，それぞれの委員会で個別に策定される場合が多い。BCP策定におけるリスクマネジメント委員会の役割は，例えば以下の3点が考えられる。
　(a)　組織全体でのBCP策定の基本方針を作成し，各種BCPを統一的な考え方に基づいて策定するよう関係部門に提言すること。
　(b)　例えば，非常時に最低限実施すべき重要業務の特定など，各種BCPに共通する部門横断的な課題についての対応方針を提言し，必要な場合にはリスク管理部門を通して関係部門を調整すること。
　(c)　組織全体でのBCPの策定，改善状況を確認し，必要な場合にはリスク管理部門を通して，策定の促進や改善を依頼すること　など。
　なお，BCPに関するリスク管理部門の役割については，「第8章3.(4)平時におけるリスク管理部門の役割（その2）～BCPの策定と継続的改善」を参照のこと。

◎⑤　他のリスク関連委員会との関係

　リスクマネジメント委員会は，リスク管理部門を通して，防災委員会や情報セキュリティ委員会など，**個別リスクを主管する各種の委員会で議論されている重要リスクとその対応状況を把握する**ことが必要である。

　また，各種委員会とリスクマネジメント委員会との役割分担を，リスクマネジメント規則などの規則で明確にしておくことが必要である。

◎⑥　事務局が留意すべき事項

　前述した「本書における全社的リスクマネジメントの定義」(注)で述べたとおり，全社的リスクマネジメントは，「最適な意思決定を行うための一連の活動」であるため，リスクマネジメント委員会は報告と情報共有だけに止まらず，適切な議論と意思決定を行うことが必要である。

　そのため，事務局であるリスク管理部門は，**最新のリスク情報を収集，整理し，関係部門をコーディネートして，論点が明確になった議題を委員会に提供する**ことが必要である。

（注）「第1章2.(1)全社的リスクマネジメントの定義」を参照。

4．PDCAサイクルとリスク管理部門の役割

　リスク管理部門は，以下の役割を担うことにより，リスクマネジメントのPDCAサイクルの重要な当事者として，C（Check：チェック）とA（Action：改善）を中心にサイクルを回す役割を担っている。

(1)　モニタリング　（Check：チェック）

◎①　現状の定期的な確認・評価と改善提言

　リスク管理部門は，**定期的に（年1～2回程度）**，㋐組織全体のリスクマネジメントの整備，運用状況，および，㋑各部門が主管しているリスクの内容と対応状況など，全社的リスクマネジメントの現状を組織全体の視点で確認・評価する。そして，必要な改善提言を主管部門に行う。

◎②　顕在化した重要リスク事案の常時把握と再発防止の徹底

　リスク管理部門が顕在化した重要リスクをもれなく把握していない場合には，組織全体でのリスク把握が不十分となる。その結果，経営者は不十分な情報に基づいて，リスク対応についての意思決定を行うことになり，組織全体での最

適なリスク対応に支障が生じる。

そのため，リスク管理部門は，重要リスクが顕在化した場合には，例えば以下の事項を行う。

〈重要リスクが顕在化した場合にリスク管理部門が行うべき事項の例〉
(a) 重要なリスク事案が顕在化する都度，主管部門から報告を受け，組織全体で顕在化したリスク事案を常時もれなく把握している。
(b) 経営者に報告されるべき重大リスクが，主管部門から経営者へ報告されていることを確認し，未報告の場合には報告するよう主管部門に助言する。
(c) 重大事案については，現在の対応状況と再発防止策を確認し，必要な場合には改善提言を行う。
(d) 類似事案が他の部門でも発生する蓋然性がある場合には，類似事案の再発防止のために必要な注意喚起を関係部門に行う　など。

◎(2) 意思決定のサポート（Check：チェック）

リスク管理部門は，上記(1)でのモニタリングの結果を，定期的に，リスクマネジメント委員会，経営会議，および取締役会に報告する。つまり，**組織全体の視点で，各部門のリスクマネジメントの整備，運用状況を一覧化・総括して経営者に報告することにより，経営者の現状把握を補佐し，リスク対応についての最適な意思決定をサポートする。**

なお，全社的リスクマネジメントでは，重要リスク全体を対象としているが，**リスク管理部門は，個別・具体的なリスクへの対応などリスクそのものの管理を行うわけではない。** リスク対応は担当部門の本来業務そのものであり，各部門が主体的に実施しているため，管理の重複は避けるべきである。

◎(3) 部門間調整（横串機能）（Action：改善）

例えば，地震災害のBCPの策定など複数部門にまたがるリスクへの対応には，

関係部門の調整が必要である。しかし，部門間の意思疎通が十分に行えず，当該リスクの主管部門単独では対応策の策定が進まない場合がある。

その場合には，**リスク管理部門は客観的な第三者として，いわばコーディネーターや行司として，関係部門の調整を行うことにより，主管部門を支援し，対応を実現する**。

◎(4) PDCAサイクルの中心

策定したリスク対応策は，最新の状況に照らして必要な見直しを行わないと次第に陳腐化していく。

そのため，リスク管理部門は，BCPなど特に重要なリスク対応策については，定期的に（年1～2回程度，もしくはリスクが変化する都度），必要な見直しを行うよう主管部門に働きかけを行うことが必要である。つまり，陳腐化を防ぎ，継続して機能するよう，**自らPDCAサイクルの中心に入り，サイクルを回す原動力の役割を果たす**ことが必要である。そして，見直し結果を経営者に報告することが必要である。

(5) 留意事項

◎① 経営上の重要課題の解決

全社的リスクマネジメント導入後1，2年程度は，組織全体の重要リスクとその対応状況の洗い出しが中心となることが多い。しかし，組織の活動である以上，付加価値，つまり"実利"があることが必要であるため，導入後3年程度経過すると，リスク管理部門は経営上の重要課題の解決に貢献することが求められるようになる。

そのため，リスク管理部門は，**経営上の重要課題に対しリスクという切り口から主管部門に対応を要請し，その実現のために部門間調整などにより主管部門を支援して，課題を解決していく**ことが必要である。言い換えると，経営者

が懸念する時々経営上の重要課題を，リスクという切り口から解決することが求められる。これが，リスクマネジメントの実務で重要な機能であり，課題解決を実現する，いわば"実現力"が求められる。

② "リストマネジメント"化を避ける
　全社的リスクマネジメント導入後3年程度経過した段階になっても，リスク管理部門がリスクとその対応状況の集約・整理等のペーパーワークに注力し，リスクリストの精緻化が全社的リスクマネジメントの活動目的となっている場合がある。このような状況が続くと，全社的リスクマネジメントが次第に"白けて"いき，周囲から「何やってんの？」という目で見られるようになってくる。そして，リスク管理部門の存在意義が疑われかねない状況になる場合がある。
　そのため，**全社的リスクマネジメントが長大なリストの作成・精緻化だけに終わり，"リストマネジメント"となることがないように注意が必要である。**

　以上，本章で述べた全社的リスクマネジメント体制の全体像は，例えば【図表3−1】のとおりである。

(6)　リスク管理部門のリスク対応への関与

　上記(2)で述べたとおり，リスク管理部門は，原則として個別・具体的なリスクへの対応には直接関与することはない。しかし，必要な場合には，客観的な第三者として，部門間調整や全社方針の提示などにより，対応策の策定に関与することがある。

① 必要な場合には対応策の策定に関与する場合が多いリスク
　顕在化が突発で，被害の発生も急速なリスク，つまり顕在化に至る速度が速いリスク。対応に部門横断的な体制が必要である場合が多く，例えば，以下の

図表3-1　全社的リスクマネジメント体制の全体像の例

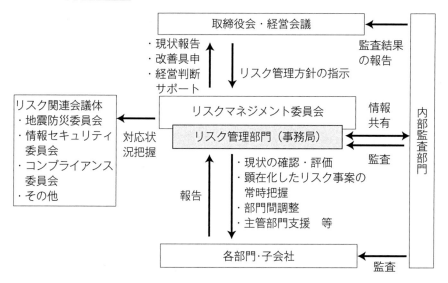

ようなオペレーション的なリスクが中心となる。

《対応策に関与する場合が多いリスクの例》
(a) 災害・事故
(b) 安全や製品品質上の問題
(c) コンプライアンス違反
(d) 情報漏洩　など

② リスクの認識に止め対応策の策定には関与しない場合が多いリスク

　顕在化が緩やかで，被害の発生も長期にわたるリスク，つまり顕在化に至る速度が緩やかなリスク。経営者が政策決定に際して留意し，各部門が日常の業務遂行の中で対応するリスクが多く，例えば，以下のような上記①以外のリスクが中心となる。

《対応策に関与しない場合が多いリスクの例》
(a) 法令・制度の不利な変更
(b) 競合激化や需要構造の変化による売上・利益の減少
(c) 原料・資材の調達支障や購入価格の上昇
(d) 投資の未回収　など

◀チェックリスト▶

■対象とするリスク ☞1.(p.45)

No.	項　　目	評価
1	**子会社と戦略に関するリスク** 　リスクマネジメント規則などの規則に，子会社が適用対象と規定されていますか。また，リスクマネジメント規則別表の「重要リスク一覧表」などに，戦略に関するリスクが記載されていますか。	
2	**危機管理・BCP** 　全社的リスクマネジメントの対象に，危機管理やBCP（Business Continuity Plan；事業継続計画）など有事の対応体制が最低限，平時における体制整備までは含まれていますか。そして，そのことが，リスクマネジメント規則などの規則に規定されていますか。	
3	**顕在化を防止する手段がないリスク** 　例えば，株価の変動や年金資産の数理差異の変動に伴う評価損，もしくは米国のトランプ大統領の就任に伴ういわゆる"トランプショック"など，組織が顕在化を防止したり，事前に対応して影響度を低減する手段がないリスクも，全社的リスクマネジメントの対象となっていますか。	
4	**発生可能性は低いが影響度が甚大なリスク** 　例えば巨大津波や広域大規模停電など，発生可能性は低いが顕在化した場合の影響度が甚大なリスクは，全社的リスクマネジメントの対象としていますか。	

■リスク管理部門 ☞ 2.(p.47)

No.	項　　　目	評価
1	**満たすべき要件** リスク管理部門は，以下の要件を満たしていますか。 　(a)　独立性・客観性 　　　例えばコンプライアンスリスクを主管するコンプライアンス部門など，全社的リスクマネジメントの管理対象となるリスクを主管する部門の中に設置されていない。 　(b)　権限と責任 　　　㋐リスクの特定と評価，㋑対応状況の評価，㋒リスクマネジメント上の課題の関係部門への改善提言，および，㋓課題解決のための関係部門間調整などを行う権限と責任を持っている。 　(c)　報告ルート 　　　取締役会および経営者へ，定期的に全社的リスクマネジメントの現状と課題を報告し，必要な対応を具申するなど，取締役会や経営者への報告ルートを持っている。 　(d)　組織上の位置付け 　　　上述の独立性・客観性，権限と責任，および報告ルートなどの組織上の位置付けは，リスクマネジメント規則などの規則により規定され，明確になっている。 　(e)　担当者 　　　担当者は，全社的リスクマネジメントに関する知識・経験，および内部統制やガバナンスなどの関連知識など，専門性を有する者が専任として配置されている。	
2	**人事評価や予算への反映** 経営者は，全社的リスクマネジメントを重視する自らの意思を，リスク管理担当者の人事評価や，リスク管理部門の予算上の権限や予算措置に反映させていますか。	
3	**有事の総合調整機能を付与する場合** リスク管理部門に有事の総合調整機能（注）を付与する場合には，	

No.	項　　目	評価
	同部門の機能は，㋐組織上経営者に近く，㋑組織全体の情報が集まり，㋒組織内の政策調整機能を有する，いわば"ハブ"や"扇の要"の役割を担う部門の中に設置していますか。 （注）有事の経営サポート，当該危機の主管部門の支援，および組織全体の調整など。	
4	**重要リスク把握漏れの防止** 　リスク管理部門は，重要リスクを漏れなく把握するために，リスクの把握を各部門からの報告のみに依存せず，報告されたリスクに漏れはないか自ら確認・検証していますか。	
5	**特定の重要リスクを主管する統括管理部門の明確化** 　情報セキュリティやコンプライアンスなど組織全体で管理する必要がある特定の重要リスクを統括的に管理する責任や権限を持つ統括管理部門が，明確に定められていますか。 　定められていない場合には，リスク管理部門は，上記統括管理部門を業務分掌や規則などで明確に定めるよう，関係部門に働きかけを行う，もしくは経営者に具申していますか。	

■リスクマネジメント委員会 ☞ 3.（p.50）

No.	項　　目	評価
1	**他のリスク関連委員会との関係** 　リスクマネジメント委員会は，リスク管理部門を通して，地震防災委員会や情報セキュリティ委員会など，個別リスクを主管する各種の委員会で議論されている重要リスクとその対応状況を把握していますか。 　また，リスク関連の各種委員会とリスクマネジメント委員会との役割分担を，リスクマネジメント規則などの規則で明確にしていますか。	
2	**事務局が留意すべき事項** 　リスクマネジメント委員会の事務局であるリスク管理部門は，同	

	委員会で適切な議論と意思決定が行われるように，最新のリスク情報を収集・整理し，関係部門をコーディネートして，論点が明確になった議題を委員会に提供していますか。

■PDCAサイクルとリスク管理部門の役割 ☞ 4.(p.53)

(1) モニタリング（Check：チェック）

No.	項　　目	評価
1	現状の定期的な確認・評価と改善提言 　　リスク管理部門は，定期的に（年1～2回程度），㋐組織全体のリスクマネジメントの整備，運用状況，および，㋑各主管部門が担当しているリスクの内容と対応状況など，全社的リスクマネジメントの現状を組織全体の視点で確認・評価していますか。そして，必要な改善提言を主管部門に行っていますか。	
2	顕在化した重要リスク事案の常時把握と再発防止の徹底 　　リスク管理部門は，重要リスクが顕在化した場合には，例えば以下の事項を行っていますか。 　(a) 重要なリスク事案が顕在化する都度，主管部門から報告を受け，組織全体で顕在化したリスク事案を常時もれなく把握している。 　(b) 経営者に報告されるべき重大リスクが，主管部門から経営者へ報告されていることを確認し，未報告の場合には，報告するよう助言する。 　(c) 重大な事案については，現在の対応状況と再発防止策を確認し，必要な場合には改善提言を行う。 　(d) 類似事案が他の部門でも発生する蓋然性がある場合には，類似事案の再発防止のために必要な注意喚起を行う。	

(2) 意思決定のサポート（Check：チェック）

No.	項　目	評価
1	意思決定のサポート 　リスク管理部門は，組織全体の視点で，各部門のリスクマネジメントの整備，運用状況一覧化・総括して経営者に報告することにより，経営者の現状把握を補佐し，リスク対応について最適な意思決定をサポートしていますか。	

(3) 部門間調整（横串機能）（Action：改善）

No.	項　目	評価
1	部門間調整 　例えば，地震災害のBCPの策定など，リスク対応に関係する複数部門の調整が必要だが，部門間の意思疎通が十分に行えず，当該リスクの主管部門単独では対応策の策定が進まない場合がある。その場合には，リスク管理部門は客観的な第三者として，いわばコーディネーターや行司として，関係部門の調整を行うことにより，主管部門を支援し，対応策の策定を実現していますか。	

(4) PDCAサイクルの中心

No.	項　目	評価
1	PDCAサイクルの中心 　リスク管理部門は，BCPなど特に重要なリスク対応策については，確実にPDCAサイクルが回るように，定期的に（年1～2回程度，もしくはリスクが変化する都度）必要な見直しを行うよう主管部門に働きかけていますか。そして，見直し結果を経営者に報告していますか。	

(5) 留意事項

No.	項　　目	評価
1	**経営上の重要課題の解決** 　リスク管理部門は，経営上の重要課題に対しリスクという切り口から主管部門に対応の検討を要請し，その実現のために部門間調整などにより主管部門を支援して，課題の解決を実現していますか。	

第4章
管理者層のマネジメント能力
―― 実施事項③

Summary

　部長，マネージャー等の管理者層のマネジメント能力は，全社的リスクマネジメントや内部統制の実務を進める上で重要である。しかし，日々の業務管理の実務そのものであり，また必要とされる能力は業種や個々の組織の特性により多岐にわたる。そのため，実務上重要だが，そのあるべき姿を一概に示すことは難しい。筆者の知る限り，従来，全社的リスクマネジメントの観点から体系的に説明される機会が少なかったと思われる。

　以下では，管理者層のマネジメント能力のうち，部下と組織の管理について筆者が必要と考える事項を説明する。ただし上述のとおり，本章で説明する事項は，その性格上，業種や個々の組織の特性により多岐にわたるため，あくまでも筆者が考える一例であり，他にも多々あることを前提としてお読みいただきたい。また，実務で使用する際には，業種や組織の特性に応じて取捨選択していただきたい。

Keywords

部下とのコミュニケーション，情報伝達，部下の指導，部下の育成，部下の管理，プロセス管理，業務の調整，部下の状況把握，取るべき行動

1．コミュニケーションと情報伝達

(1) 管理者が部下とのコミュニケーションの機会を作る行動の例

◎① 部下とコミュニケーションを取る機会を作る

　管理者が，部下を適切に管理し，担当業務を適切に遂行するためには，部下の状況を適切に把握することや，部下から業務に関する情報を適時に集めることが重要である。それには，部下と円滑なコミュニケーションが取れていることが必要である。

　そのため，**管理者は日頃，例えば以下のような方法で，部下とコミュニケーションを取る機会を作る**ことが必要である。なお，部下とのコミュニケーションについては，前述した「第2章4.(3)①上位者と部下とのコミュニケーション不足」も参照のこと。

《管理者が部下とコミュニケーションを取る機会の例》
(a) 営業部門など部下が日中，現場に出る業務の場合には，部下が朝現場へ出る時間帯，および夕方帰社する時間帯には，パソコンを閉じて，部下が話しやすい状況を作る。
(b) マネージャー等の直接部下を管理する立場にある管理者は，夕方部下が帰社する時間帯は，自席に座り続けることは避け，できるだけ部下の席まで行き，1日の成果を聞いたり，困ったことはないかと声を掛けるなど部下から話を聞く。
(c) 部下から話を聞く時は，自分の席に呼ぶのではなく，例えば，自分の席の脇に丸椅子を用意しておき，その丸椅子を持って自分から部下の席に行き話を聞くなど，こちらから出向いてコミュニケーションを取る。
(d) その他，㋐自分から率先して挨拶する，㋑雑談レベルで意見を聞く，㋒できるだけ部下と社員食堂などで昼食を一緒に取る，もしくは㋓月1回程度のランチミーティングなどを行う　など。

◎② 業務での成果以外のことも聞く

　部下と円滑なコミュニケーションを取るために，管理者は部下とフランクに話せる関係を作ることが必要である。例えば，本来は迅速に管理者に報告すべきリスク事案であっても，部下にとっては，対応して解決した後まで報告したくない事案や，報告せざるを得ない状況になるまで報告したくない事案など，報告すべきか迷う微妙な事案がある。このような事案でも，部下が迅速に報告できる円滑なコミュニケーションを取るためには，管理者は日頃から，部下が困ったことや迷ったことをフランクに話せる関係を作っておくことが必要である。

　そのため，管理者は**部下と話をする時には，**指示した業務の進み具合や営業実績など業務での成果だけなく，例えば「何か困ったことはないか」など業務**での成果以外のことも併せて聞く**ことが必要である。それを繰り返していく中で，話しやすい雰囲気や，微妙な問題でも率直に報告や相談がしやすいフランクな関係が次第に醸成されていくと考えられる。

◎③ 状況に応じてコミュニケーションの機会を作る

　部下と円滑なコミュニケーションを取るためには，例えば，以下のような状況に応じたコミュニケーションの機会を作ることも一つの方法である。

〈状況に応じたコミュニケーションの例〉
(a) 子供や家族のこと，健康のことを話すきっかけにして，声を掛ける
(b) 話しにくいことを伝えなければならない部下と自動販売機で一緒になった時には，話すきっかけとして買ってあげる，
(c) 喫煙者の場合には，職場の喫煙室で情報交換する　など。

---

(2) 情報伝達の例

◎① 重要情報の伝達体制

　経営会議や部長会議など組織の重要な会議体で決定，報告され，組織内に周

知・徹底すべき重要情報が，一部の従業員に伝達されていないなど，重要情報の伝達が徹底しない状況は，適切な組織管理の阻害要因となる。

そのため，重要情報が，部門長から部長，マネージャーを通してグループ員へと，組織の全員に確実に伝達されるように，部会，グループ会議やミーティング等での情報伝達体制が整備され，実際に機能していることが必要である。

また，会議やミーティングに出席できなかった従業員に対しては，議事録やメモを回覧する，もしくは個別に伝えるなど別途フォローすることが，重要情報を全員に確実に伝達するために必要である。なお，このことは，出席できなかった従業員が情報不足になり，いわば"浦島太郎"にならないためにも必要である。

◎② 中間層を通さずに直接伝える

例えば，部門長や部長が重要と考える事項を，マネージャー等の中間管理者層を通して従業員に伝えた場合，いわば"フィルター"がかかり，真意や思いが正確に伝わらないことがある。

そのため，このような事項は，直接発信する機会がある場合には，中間管理者層を通さず，部門長や部長が直接伝えるほうが自身の真意や思いが部下に正確に伝えられる。また，部下は「部門長や部長がそこまで言うなら」と受け取り，意識が高まる効果も期待できる。

2．部下の指導と育成

(1) 部下の指導の例

◎① "心のあり方"の指導

部下が前向きに業務に取り組むためには，業務に取組む姿勢のベースである"心のあり方"をしっかり持っていることが必要であると筆者は考えている。

そのため，管理者は，例えば以下のような観点から，部下に対して"心のあり方"について指導することが必要である。

《部下に対する"心のあり方"の指導の例》
(a) 「自分はどういう生き方をしたいのか，そのために今の業務にどのように取り組むのか」を考えるように促す。
(b) 「㋐仕事を通して人（顧客や同僚）に感謝されること，㋑社会に役に立つこと，㋒専門性を磨き人として成長すること，もしくは，㋓組織に貢献し認められるなどに対する喜びや大切さ」を考えるように促す　など。

◎② 目的や作業の全体像の説明

単に求める結果や作業内容だけを伝えると，部下は"やらされ感"を感じて，求められたことを機械的にこなすだけとなり，創意工夫してより良い成果を出そうとするモチベーションが上がらない場合がある。

そのため，管理者は部下に業務を指示する時は，**求める結果だけを伝えるのではなく，業務の目的や必要な作業の全体像を説明して，部下と共有すること**が必要である。その上で，「いつまでに，何を，どのように行うのか」など，具体的なプロセスまで掘り下げて伝える。そして，部下がなすべきことを理解していることを確認することが必要である。

◎③ 成果物の具体的なイメージを理解できる指示

部下に業務を指示する時に，求める結果だけを伝えると，部下は成果物の具体的なイメージが把握できないまま業務を行い，出来上がった成果物が管理者のイメージと乖離している場合がある。

そのため，管理者は，部下に業務を指示する時は，例えば「何の目的で，何を，いつまでに，どのように行うのか」など，**部下が成果物の具体的なイメージや行うべき事項を理解し，腹落ちして業務ができるように伝える**ことが必要である。

◎④　具体策まで報告させる

　課題への対応を部下に指示した時に，部下からの答が，例えば「○○に取り組む」など行うことの結果だけで，それを実現するための具体策まで検討しておらず，具体性が乏しい場合がある。

　そのため，管理者は，課題への対応を部下に指示する時には，**行うことの結果だけでなく，例えば「誰が，いつ，何を，どの程度，どのように行うのか」といった具体策まで掘り下げて報告するよう**に指示することが必要である。

◎⑤　"悪い報告"を受けた場合には今後の対応を一緒に考える

　部下から，例えば自身に落ち度があるなど"悪い報告"を受けた場合に，管理者が不機嫌な顔をしたり，落ち度を過度に追及した場合には，その後部下は，そのような事案があっても，率直に報告しにくくなる。

　そのため，管理者は，"悪い報告"を受けた場合でも，**不機嫌な顔をしたり，落ち度を過度に追及せず，今後の対応を一緒に考える**ように努め，部下が率直に報告しやすい環境を作ることが必要である。

⑥　数字に基づいた指導

　客観的事実である数字に基づいて部下を指導すれば，管理者は自分の思いや情熱を具体的に伝えることができ，部下に管理者は本気だということが伝わる。

　そのため，営業部門など部下の実績を数字で把握できる部門では，管理者は各人の実績数字に基づいて部下を指導することが必要である。

(2)　部下の育成の例

◎①　問い掛けて考えてもらい自分の言葉で発してもらう

　管理者が部下に業務を指示する時に，行うべき事項をそのまま伝えていると，部下が受け身になり，自分の頭で考えることが少なくなる場合がある。また，リスクに対する感度を磨く機会も少なくなる。

そのため，管理者は，部下に業務を指示する時には必要に応じて，例えば「この場合には君ならどうする？」などと**課題を与えて問い掛け，本人に自分の頭で対応を考えてもらい，答えを自分の言葉で話してもらう**ことが必要である。

このような問い掛けは，当初は管理者，部下共に不慣れな場合があり，すぐには効果が見えないこともあるが，これを根気よく繰り返していくことにより，徐々に効果が出て来ることが期待される。"特効薬"はなく，いわば"根競べ"が必要である。

◎② マネジメント系研修を担当業務に置き換える助言・指導

コンサルタントなど外部講師による，例えば「目標達成のための管理者の部下指導法」などのマネジメント系の研修は，どの組織でも活用できる一般的な内容が多いため，受講者が担当業務に活用しにくい場合がある。担当業務に活用するためには，受講内容を担当業務に置き換える，いわば担当業務に"翻訳"するステップが必要となる。しかし，これを部下が独力で行うことは難しい場合がある。

そのため，管理者は部下がマネジメント系の研修を受講した場合には，受講結果の報告を受けるだけでなく，**実際に業務で活用できるようにするために，受講内容を担当業務に置き換えるための必要な助言，指導を行う**ことが必要である。

◎③ 小さな成功体験を積み重ねさせる

部下は，たとえ小さなことでも成功体験を積み重ねることから，業務に満足感を感じることが多い。

そのため，管理者は部下のモチベーションを上げるため，たとえ小さなことでも自分が一番と思える成果を出させるなど，小さな成功体験を積み重ねさせて，業務に満足感を持てるように指導することが必要である。

(3) 部下の管理の例

◎① 部下に関心を持っていることが伝わる接し方

部下が「管理者は自分をちゃんと見ていてくれる」と思うことは，部下のモチベーションや組織への帰属意識を高めるために重要である。

そのため，管理者は，**部下に対して関心を持っていることが伝わるように接する**ことが必要である。「ちゃんと見ているよ」ということが伝わることが大切なのである。例えば，本社の統括部門長が地方の拠点長を訪問する場合には，予め拠点長の業績や活動内容を把握しておき，それについて質問することなどが考えられる。

また，現場作業を担当する部下を持っている場合には，例えば，㋐大雨が降っていたら時には携帯電話に電話して「大丈夫ですか」と聞く，㋑真夏には帰社した時には「熱い中，大変でしたね」と声を掛けるなど，必要に応じて部下に対する心遣いを示すことなどが考えられる。

◎② 問題を抱えている部下に声を掛ける

問題を抱えた部下が，自分からは報告しづらいなど何らかの事情により報告できないため，管理者による問題の把握，対応が遅れて損失が発生する場合がある。

そのため，管理者は**日頃，部下の様子に気を配り，問題を抱えて悩んでいるなど，普段と様子が違う"マイナスのオーラ"を発している部下を目にした時には，声を掛けて話を聞き，問題を抱えた部下が管理者に報告できない状況を作らない**ことが必要である。また，マネージャーなど直属の上位者が多忙等で部下に声を掛ける余裕がない場合には，部長などその一段階上位の管理者が声を掛けることが必要である。

3．業務管理

(1) プロセス管理の例

◎① 目標達成のための具体的なプロセスの確認

業務目標の達成が進んでいない部下に対して，管理者が単に目標の達成を求めても，目標達成に向けた具体的な動きが進まない場合も多い。

そのため，管理者は，業務目標の達成が進んでいない部下に対して，「**いつまでに，何を，どのように行うのか**」という**目標達成のための具体的なプロセスを確認し，プロセスの節目ごとに行うべき事項を検討させる**ことが必要である。そして，検討結果を今後の取組み事項として報告させ，その進捗を定期的に確認することが必要である。

◎② 節目ごとの進捗管理

部下に業務を指示したが，途中で進捗状況を確認せず，最終結果が出る段階まで，いわば"フタを開けてみるまで"業務の達成状況が分からない管理方法では，進捗が遅れている場合の挽回が困難である。

そのため，管理者は，部下に指示した業務について，**途中の節目ごとに進捗状況を確認し，その時点で必要な対応を指示する**ことが必要である。

(2) 業務の調整の例

◎① 個々人の特性や能力に応じた業務の指示・分担

管理者が，部下を一律に見て，個々人の特性や能力にかかわらず，業務を一律に指示・分担している場合，職場全体としての業務効率が低下する。

そのため，管理者は，部下の特性に合った接し方や指導方法を取りながら，

個々人の特性や能力に応じた業務の指示・分担を行うことが必要である。

◎② **業務負荷の軽重に応じた業務調整**

業務負荷の軽重に関わらず，部下に一律に業務を指示・分担している場合，業務負荷が軽い時には，業務能力に比較して低い成果しか出さないことがあるため，職場全体としての業務効率が低下する。

そのため，管理者は，負荷が軽い場合には，余裕ができた時間に行うべき業務を予め指示するなど，負荷の軽重に応じて業務の指示・分担を調整することが必要である。

(3) **部下の状況把握の例**

◎① **管理者が部下の行動と成果を確認する仕組み**

営業担当者など一人で現場業務を行う者については，管理者がその行動と成果を適切に把握していない場合，業務が個人任せになると共に，指導が不十分となり，規律，業務品質，もしくは業績の低下が起こりやすくなる。

そのため，そのような部下については，**管理者が毎日もしくは定期的に，その行動と成果を確認する持続可能な仕組みを作る**ことが必要である。

例えば，業務で通常行う事項を網羅し，実施件数や実施の有無を記載する報告用紙（極力記述部分が少ないもの）により，その日1日の活動を管理者に報告させて，管理者が1日の行動と成果を確認し，必要な指導を行うことが必要である。そして，管理者は確認結果を一段階上の上位者（マネージャーなら部長）に報告する体制とすることが，仕組みとして継続させるために必要である。

◎② **管理者が部下と顧客との間で起きた事象を把握する**

営業担当者など一人で現場業務を行う者が顧客から受けたクレームやお礼など顧客との間で起きた事象は，個人の問題ではなく，組織の問題であり，管理者が把握し必要な対応や指導を行うことが必要である。例えば，お礼を受けた

場合は，組織に対してお礼を受けたのであるから，必要な場合には，管理者が顧客に上司としてお礼の電話をするなど，組織として対応することが必要である。

そのため，そのような部下に対して管理者は，顧客との間で起きた事象は必ず報告するように指導することが必要である。また，報告していないことが分かった場合には注意することが必要である。

(4) 実績管理の例

◎毎日の個人やチームの実績把握

小口営業など日々の実績の積み重ねにより業績が決まる職場の場合，実績向上への意識を常に向上させるために，管理者は担当者やチームごとに声を掛ける，褒める，もしくは必要な指示を与えるなど個別の管理・指導を日々行うことが必要である。しかし，個人やチームの実績の把握が，月単位・期間単位のみで，毎日の実績を把握していない場合，日々の個別の管理・指導が十分に行えない。

そのため，管理者は，個人やチームの実績を月単位・期間単位だけでなく，毎日把握することが必要である。また，実績管理表には月・期間単位の実績だけでなく，毎日の実績も記載することが必要である。

4．管理者が取るべき行動

(1) 管理者が取るべき行動の例

◎① 自らの思いや情熱が"伝わる"ように説明する

管理者が重要な業務を部下に指示する時に，管理者自身がなぜ行わなくてはならないのかを腹落ちしておらず，自らの思いや情熱が部下の心に伝わらない

場合には，他人事のように部下から受け取られ，指示が徹底しない場合がある。

そのため，管理者が部下に指示する時には，**管理者自身がその内容に腹落ちして，自分の言葉で，いわば自分の"色"を付けて語り，自らの思いや情熱が部下の心に"伝わる"ように説明する**ことが必要である。

◎② 組織全体の方針を自分の職場に置き換えて説明する

管理者が組織全体を対象とした方針や指示を部下に説明する時に，それらを記載した文書をそのまま読み上げると，部下は自分のなすべき事を具体的にイメージできず，方針や指示が徹底しない場合がある。

そのため，管理者がそのような方針や指示を部下に説明する時には，**内容を自分の職場の業務に置き換え，そして，自分の職場として注意すべきポイントを示して説明する**ことが必要である。

◎③ 常勤していない拠点への適宜の訪問

管理者が複数の拠点を担当している場合，常勤していない拠点への訪問頻度が少なくなると，その拠点の課題や潜在的なリスク要因などの情報をタイムリーに把握しにくくなる。

そのため，**複数の拠点を担当している管理者は，重要度に応じた頻度で適宜，常勤していない拠点を訪問し，直接自分で状況を把握する**ことが必要である。

(2) 上級管理者が取るべき行動の例

◎① 中間管理者のマネジメント能力を向上させる会議運営

マネージャー等の中間管理者の部下・組織のマネジメント能力の向上を図るために，会議運営の中に，例えば以下のような仕組みを組み込んでおくことが有効である。

《中間管理者のマネジメント能力を向上させる会議運営の例》
(a) 部下の状況を確実に把握させるために，会議で部下の状況を報告させる。
(b) 会議の前に予め必要な情報を収集しておき，必要な対応を事前に考えてから会議に臨ませるために，議題を記載した簡単なレジメを事前配布し，議題について会議で報告させることを伝えておく　など。

◎② 実務を管理者本人が行う必要があるかの確認

　多数の部下を管理する立場にあるマネージャーなどの中間管理者が多くの実務を担当している場合，実務に忙殺されて部下の管理が不十分になることがある。

　そのため，部長などの上級管理者は，中間管理者に対して，担当している実務を本人が行う必要があるか確認することが必要である。そして，部下に移管できる業務は移管するように指示することが必要である。

◎③ 中間管理者が部下に説明しやすく指示する

　部門長や部長など上級管理者がマネージャーなどの中間管理者に指示する場合，指示が具体的で分かりやすければ，中間管理者は指示された内容を"加工"して，自分の職場に置き換えて部下に説明しやすくなり，指示の徹底が容易になる。

　そのため，本部長や部長など上級管理者は，中間管理者が部下に説明しやすいように，指示を具体的に分かりやすくするように配慮することが必要である。

◀チェックリスト▶

■コミュニケーションと情報伝達 ☞ 1.（p.67）

(1) 管理者が部下とのコミュニケーションの機会を作る行動の例

No.	項　　　　目	評価
1	部下とコミュニケーションを取る機会を作る 　管理者は，部下の状況を適切に把握するため，また部下から業務に関する情報を適時に集めるために日頃，例えば以下のような方法で，部下とコミュニケーションを取る機会を作っていますか。 　(a) 営業部門など部下が日中，現場に出る業務の場合には，部下が朝現場へ出る時間，および夕方帰社する時間には，パソコンを閉じて，部下が話しやすい状況を作る。 　(b) マネージャー等の直接部下を管理する立場にある管理者は，夕方部下が帰社する時間帯は，自席に座り続けることは避け，できるだけ部下の席まで行き，一日の成果や困ったことはないかなど声を掛け，部下から話を聞く。 　(c) 部下から話を聞く時は，自分の席に呼ぶのではなく，例えば，自分の席の脇に丸椅子を用意しておき，その丸椅子を持って自分から部下の席に行き話を聞くなど，こちらから出向いてコミュニケーションを取る。 　(d) その他，㋐自分から率先して挨拶する，㋑雑談レベルで意見を聞く，㋒できるだけ部下と社員食堂などで昼食を一緒に取る，もしくは㋓月1回程度のランチミーティングなどを行う　など。	
2	業務での成果以外のことも聞く 　管理者は，部下と円滑なコミュニケーションが取れるように，部下が微妙な問題でも率直に報告や相談がしやすいフランクな関係を作っていますか。そのために，部下と話をする時には，指示した業	

	務の進み具合や営業実績など業務での成果だけなく,「何か困ったことはないか」など業務での成果以外のことも併せて聞いていますか。	
3	状況に応じてコミュニケーションの機会を作る 　部下と円滑なコミュニケーションを取るために,例えば,以下のような状況に応じたコミュニケーションの機会を作っていますか。 　(a)　子供や家族のこと,健康のことを話すきっかけにして,声を掛ける。 　(b)　話しにくいことを伝えなければならない部下と自動販売機で一緒になった時には,話すきっかけとして買ってあげる。 　(c)　職場の喫煙室で情報交換する　など。	

(2)　情報伝達の例

No.	項　　目	評価
1	重要情報の伝達体制 　経営会議や部長会議など組織の重要な会議体で決定,報告され,組織内に周知・徹底すべき重要情報が,組織の全員に確実に伝達されるように,部会,グループ会議やミーティング等での情報伝達体制が整備され,実際に機能していますか。 　また,会議やミーティングに出席できなかった従業員に対しては,議事録やメモを回覧する,もしくは個別に伝える等,別途フォローしていますか。	
2	中間層を通さずに直接伝える 　部門長や部長が重要と考える事項は,直接発信する機会がある場合には,マネージャーなどの中間管理者層を通さず直接伝えて,自身の真意や思いが部下に正確に伝わるようにしていますか。	

■部下の指導と育成 ☞2.(p.69)

(1) 部下の指導の例

No.	項　　　目	評価
1	"心のあり方"の指導 　部下が前向きに業務に取り組むように，業務に取り組む姿勢のベースである"心のあり方"をしっかり持つように，日常の部下指導として，例えば以下のような観点から，"心のあり方"について指導していますか。 　(a)「自分はどういう生き方をしたいのか，そのために今の業務にどのように取り組むのか」を考えるように促す。 　(b)「㋐仕事を通して人（顧客や同僚）に感謝されること，㋑社会に役に立つこと，㋒専門性を磨き人として成長すること，もしくは，㋓組織に貢献し認められるなどに対する喜びや大切さ」を考えるように促す　など。	
2	目的や作業の全体像の説明 　部下に業務を指示する時は，モチベーションを上げるために，求める結果だけを伝えるのではなく，業務の目的や必要な作業の全体像を説明して，部下と共有していますか。 　その上で，「いつまでに，何を，どのように行うのか」など，具体的なプロセスまで掘り下げて伝えていますか。そして，部下がなすべきことを理解していることを確認していますか。	
3	成果物の具体的なイメージを理解できる指示 　管理者は，部下に業務を指示する時は，例えば「何の目的で，何を，いつまでに，どのように行うのか」など，部下が成果物の具体的なイメージや行うべき事項を理解し，腹落ちして業務ができるように伝えていますか。	
4	具体策まで報告させる 　管理者は，課題への対応を部下に指示する場合には，例えば「○○に取り組む」など行うことの結果だけでなく，例えば「誰が，いつ，	

	何を,どの程度,どのように行うのか」といった具体策まで掘り下げて報告するように指示していますか。	
5	"悪い報告"を受けた場合には今後の対応を一緒に考える 　管理者は,部下から,例えば自身に落ち度があるなど"悪い報告"を受けた場合でも,不機嫌な顔をしたり,落ち度を過度に追及せず,今後の対応を一緒に考えるように努め,部下が率直に報告しやすい環境を作っていますか。	
6	数字に基づいた指導 　営業部門など部下の実績を数字で把握できる部門では,管理者は部下に自分の思いや情熱を具体的に伝えるために,各人の実績数字に基づいて部下を指導していますか。	

(2) 部下の育成の例

No.	項　目	評価
1	問い掛けて考えてもらい自分の言葉で発してもらう 　管理者は,部下が自分の頭で考えるように,またリスクに対する感性を磨くように促すために,部下に業務を指示する時には必要に応じて,例えば「この場合には君ならどうする?」などと課題を与えて問い掛け,本人に自分の頭で対応を考えてもらい,答えを自分の言葉で話すようにさせていますか。	
2	マネジメント系研修を担当業務に置き換える助言・指導 　管理者は,部下が外部講師によるマネジメント系の研修を受講した場合には,担当業務で活用できるようにするために,受講内容を担当業務に置き換えるための必要な助言,指導を行っていますか。	
3	小さな成功体験を積み重ねさせる 　管理者は,部下のモチベーションを上げるため,小さなことでも自分が一番と思える成果を出させるなど,小さな成功体験を積み重ねさせて,業務に満足感を持てるように指導していますか。	

(3) 部下の管理の例

No.	項　　　目	評価
1	部下に関心を持っていることが伝わる接し方 　管理者は，部下に対して関心を持っていることが伝わるように接し，部下が「管理者は自分をちゃんと見ていてくれる」と思えるようにして，モチベーションや組織への帰属意識を高めていますか。	
2	問題を抱えている部下に声を掛ける 　管理者は，問題を抱えた部下が管理者に報告できない状況を作らないために日頃，部下の様子に気を配り，問題を抱えて悩んでいるなど，普段と様子が違う"マイナスのオーラ"を発している部下を目にした時には，声を掛けて話を聞いていますか。 　また，マネージャーなど直属の上位者が多忙等で部下に声を掛ける余裕がない場合には，部長などその一段階上位の管理者が声を掛けていますか。	

■業務管理　☞ 3.（p.74）

(1) プロセス管理の例

No.	項　　　目	評価
1	目標達成のための具体的なプロセスの確認 　管理者は，業務目標の達成が進んでいない部下に対して，単に目標の達成を求めるのではなく，「いつまでに，何を，どのように行うのか」という目標達成のための具体的なプロセスを確認し，プロセスの節目ごとに行うべき事項を検討させていますか。そして，検討結果を今後の取組み事項として報告させ，その進捗を定期的に確認していますか。	
2	節目ごとの進捗管理 　管理者は，業務の達成が遅れた場合に挽回できるように，部下に指示した業務について，途中の節目ごとに進捗状況を確認し，その	

| | 時点で必要な対応を指示していますか。 | |

(2) 業務の調整の例

No.	項　　目	評価
1	個々人の特性や能力に応じた業務の指示・分担 　管理者は，部下に業務を一律に指示・分担せず，個々人の特性や能力に応じた業務の指示・分担を行っていますか。	
2	業務負荷の軽重に応じた業務調整 　管理者は，業務負荷の軽重に関わらず一律に業務を指示することはせず，負荷が軽い場合には，余裕ができた時間に行うべき業務を予め指示するなど，負荷の軽重に応じて業務の指示・分担を調整していますか。	

(3) 部下の状況把握の例

No.	項　　目	評価
1	管理者が部下の行動と成果を確認する仕組み 　管理者は，営業担当者など一人で現場業務を行う者に対して，毎日もしくは定期的にその行動と成果を確認し，必要な指導を行っていますか。そして，確認結果を一段階上の上位者（マネージャーなら部長）に報告していますか。	
2	管理者が部下と顧客との間で起きた事象を把握する 　管理者は，営業担当者など一人で現場業務を行う者に対して，顧客から受けたクレームやお礼など顧客との間で起きた事象は，組織として必要な対応を行うために，必ず報告するように指導していますか。	

(4) 実績管理の例

No.	項目	評価
1	毎日の個人やチームの実績把握 　小口営業など日々の実績の積み重ねにより業績が決まる職場の場合には，管理者は，個人やチームの実績を月単位・期間単位だけでなく，毎日把握し，個別に声を掛ける，褒める，もしくは指示を与えるなどの管理・指導を日々行っていますか。	

■管理者が取るべき行動 ☞ 4.（p.76）

(1) 管理者が取るべき行動の例

No.	項目	評価
1	自らの思いや情熱が"伝わる"ように説明する 　管理者が重要な業務を部下に指示する時には，管理者自身がその内容に腹落ちして，自分の言葉で，いわば自分の"色"を付けて語り，自らの思いや情熱が部下の心に"伝わる"ように説明していますか。	
2	組織全体の方針を自分の職場に置き換えて説明する 　管理者が組織全体を対象とした方針や指示を部下に説明する時には，部下が自分のなすべき事項を具体的にイメージできるようにするために，内容を自分の職場の業務に置き換え，そして注意すべきポイントを示して説明していますか。	
3	常勤していない拠点への適宜の訪問 　管理者が複数の拠点を担当している場合には，常勤していない拠点の課題や潜在的なリスク要因などの情報をタイムリーに把握するために，重要度に応じた頻度で適宜，当該拠点を訪問して，直接自分で状況を把握していますか。	

(2) 上級管理者が取るべき行動の例

No.	項　　目	評価
1	**中間管理者層のマネジメント能力を向上させる会議運営** 　マネージャー等の中間管理者の部下・組織のマネジメント能力の向上を図るために，会議運営の中に，例えば以下のような仕組みを組み込んでいますか。 　(a)　部下の状況を確実に把握させるために，会議で部下の状況を報告させる。 　(b)　会議の前に予め必要な情報を収集しておき，必要な対応を事前に考えてから会議に臨ませるために，議題を記載した簡単なレジメを事前配布し，議題について会議で報告させることを伝えておく。	
2	**実務を管理者本人が行う必要があるかの確認** 　多数の部下を管理する立場にあるマネージャーなどの中間管理者が多くの実務を担当し，部下の管理が不十分になっている場合には，部長などの上級管理者は，担当している実務を管理者本人が行う必要があるか確認していますか。そして，部下に移管できる業務は移管するように指示していますか。	
3	**中間管理者が部下に説明しやすく指示する** 　部門長や部長など上級管理者がマネージャーなどの中間管理者に指示する場合には，中間管理者が部下に説明しやすいように，指示を具体的に分かりやすくするように配慮していますか。	

第5章
リスクの把握・評価と対応
──実施事項④

Summary

　リスクを把握・評価し，対応の優先順位付けを行うことは，全社的リスクマネジメントの基本である。リスク対応について，限られた経営資源を，どのリスクにどの程度投入すべきかの判断が，実務では常に問題となる[1]。しかし，リスクは組織の業種，特性等により多様であるため，一概に有効な評価手法が見出しにくく，個別具体的な場面に即して評価せざるを得ないのが現実である。

　そのため，本章では，個別具体的な場面に即した評価の一助とするために，筆者が考えるリスクの把握・評価と対応について説明する。具体的にはまず，実務におけるリスク評価の基本的な手法について説明し，次にリスクの把握・評価で留意すべき事項を事例に即して説明し，最後に戦略に関するリスクを対象とする場合の留意事項を説明する。

Keywords

４つのリスク評価基準，評価手法，評価を誤りやすい事項，環境変化，リスク評価の課題，見落としやすいリスク，不祥事，リスクの許容範囲，リスクの適切な把握・評価，リスクへの感度，事例研究，戦略に関するリスク

1. 実務におけるリスク評価の手法

(1) リスク評価の４つの基準

　一般的に，リスクを評価するための評価基準は，「影響度」と「発生可能性」の２つと考えられていることが多い。例えば，多くのリスクマップでは，縦軸にリスクの「影響度」を，横軸に「発生可能性」をプロットして，リスクの重大度の大小が表示されている。しかし，実務ではそれ以外に，**「顕在化に至る速度」と「対応策の有効性」の２つも評価基準とする**ことが，適切なリスク評価に必要と筆者は考えている。

《リスク評価の４つの基準》[2]
- ㋐　影響度
- ㋑　発生可能性
- ㋒　顕在化に至る速度
- ㋓　対応策の有効性

---

① 「顕在化に至る速度」を評価基準とする理由
　「影響度」と「発生可能性」が同じリスクでも，「顕在化に至る速度」が速いリスクは，適切な対応を検討するための時間的余裕が制約されるため，リスクの重大度はより大きくなる。そのため，「顕在化に至る速度」を評価基準とすることが，適切なリスク評価に必要である。

《「顕在化に至る速度」が速いリスクの例》
- ㋐　大規模地震などの自然災害
- ㋑　顧客の嗜好など市場構造の急速な変化
- ㋒　技術革新の急速な進展
- ㋓　規制要件の急速な変化・強化

㋔　取引先の倒産に伴う債権回収不能（注）
　　（注）　直前まで情報を把握できない場合が少なくなく，いったん事態が明らかになると他の債権者や法的処理の進展との時間的な争いになるため，「顕在化に至る速度」が速いリスクである。

② 「対応策の有効性」を評価基準とする理由
　「影響度」と「発生可能性」が同じリスクでも，「対応策の有効性」が低いリスクは，当然リスクが顕在化した場合の重大性はより大きくなる。そのため，「対応策の有効性」を評価基準とすることが，適切なリスク評価に必要である。

(2)　4つの評価基準の使い方

第1段階：まず，リスクの「影響度」と「発生可能性」の組み合わせで，対応すべきリスクの候補を選択する。このためのツールとしてリスクマップを使用することがある。
第2段階：次に，選択されたリスクの候補から，「顕在化に至る速度」と「対応策の有効性」の観点から優先的に対応すべきリスクを特定していく(3)。

(3)　リスクを評価する際の3つの視点

　リスクを評価する際の視点には，主に「顕在化の予防」，「損失の低減・移転」，および「早期の把握」の3つの視点があると筆者は考えている。「顕在化の予防」の視点では主に「発生可能性」が，「損失の低減・移転」の視点では主に「影響度」が，「早期の把握」の視点では「顕在化に至る速度」が，主な評価基準として関係する。「対応策の有効性」は，3つの視点全ての評価基準として関係する。3つの視点とその内容，および4つの評価基準との関係は，概ね【図表5-1】のとおりである。

図表5－1 リスク評価の際の視点と関係する評価基準[4]

リスク評価の際の視点	内容	主に関係する評価基準			
		影響度	発生可能性	顕在化に至る速度	対応策の有効性
①顕在化の予防	・リスクが顕在化しないように、リスクが発生する可能性を減らす。 例：㋐ハンド入力からシステム入力への変更（オペレーションの自動化），㋑職務の分離など職務分掌の設定		○		○
②損失の低減・移転	・リスクが顕在化した場合の影響度（損失など）を低減する／もしくは影響度が甚大となることを防ぐ。 例：㋐建物の耐震補強，㋑システムの二重化，㋒BCPの策定，㋓供給のバックアップ協定の締結，㋔保険の付保	○			○
③早期の把握	・リスクが顕在化する予兆を把握する／もしくは顕在化したリスクを早期に把握する。 例：㋐各種先行指標のモニタリング，㋑リスク情報の報告規則の策定と徹底			○	○

2．リスクの把握・評価で留意すべき事項

　以下で説明する事項は，その性格上業種や個々の組織の特性により多岐にわたるため，あくまでも筆者が考える一例であり，他にも多々あることを前提としてお読みいただきたい。また，実務に用いる際には，業種や組織の特性に応じて取捨選択していただきたい。

(1) 評価手法

◎① 最悪ケースでのシナリオ分析

　例えば大地震や大規模な製品不良の発生など，組織にとって特に重要なリスクについては，それが顕在化した時にどのような事象が起こり得るのかを予め把握しておかないと，取るべき適切な対応が検討できない。

　そのため，特に重要なリスクについては，対応を検討する時に，それが顕在化した場合のシナリオを作成して，組織に及ぼす影響を把握しておくことが必要である。例えば，以下のような考えられる最悪ケースを想定してシナリオを作成，分析することにより，潜在的なリスクを洗い出し，現在の対応で不足する部分を明らかにして，今後取るべき対応を検討することができる。

　このような手法は，最悪の事態が発生した場合の対応を検討するためだけでなく，通常のリスク対応の有効性を評価し，必要な改善を行うためにも有効である。

〈最悪ケースの想定例〉
(a) 過去経験した最悪のケース
(b) 想定し得る最悪のケース
(c) 顕在化した場合の影響度は甚大であるが，通常では想定しにくい発生可能性が低い事象が発生するケース　など

◎② 前提条件変化の想定

　組織が事業を行う前提条件が，大幅に変化した場合には，従来のリスク評価やそれに基づいた対応策の有効性が大幅に変化することがある。

　そのため，例えば，以下のような場合の影響を想定し，中長期的に取るべき対応を検討することが必要である。

《前提条件変化の例》
(a) 組織の競争優位の源泉となっている技術の陳腐化
(b) 収益面で大きく依存している大口顧客の喪失
(c) 主力製品・サービスの供給を支える中核的なサプライヤーの喪失　など

◎③　完成までに長期間を要するプロジェクトでのリスク評価・対応

　プラント建設や大規模システム開発など，完成までに長期間を要するプロジェクト案件では，例えば以下のように完成までの各段階で固有のリスクが発生する場合がある。その結果，ある段階でリスクが顕在化した場合には，次の段階に進む前に必要な対応を行わないと，対応が遅れ損失が拡大する場合がある。

　そのため，完成までの各段階でリスクが変化することに留意し，プロジェクトの節目ごとにリスクを評価して，問題の有無を確認し，次の段階に進む前に必要な対応を行う体制を予め構築しておくことが必要である[5]。

《プラント建設での各段階でのリスクの例》
　プラント建設では，完成までに長期間を要し，営業〜契約〜設計〜工事の各段階でリスクが変化する。各段階での主なリスクは例えば，以下の通りである。
(a) 営業段階：㋐独占禁止法への抵触，㋑顧客の財務状況の悪化　など
(b) 契約段階：㋐追加工事・納期遅れに対する不利もしくは不明確な取決め，㋑建設業法や環境規制など関係法令・規制へ抵触した場合の責任分担の不利もしくは不明確な取決め，㋒工事保険の付保などリスクヘッジの不適切な選択　など
(c) 設計段階：㋐設計ミス，㋑新技術の開発遅れ，㋒他社技術の侵害　など
(d) 工事段階：㋐工期遅れ，㋑工事ミス，㋒事故の発生，㋓協力企業の経営悪化，㋔環境問題の発生，㋕検査データの偽装，㋖建設業法や環境規制など関係法令・規制への抵触　など

◎④ 残余リスクによる評価

　一般にリスクは，リスクを低減するための対応を実施する前の段階のリスクの重大度である「固有リスク」と，対応を実施した後になお残るリスクの重大度である「残余リスク」の両方で評価するものとされている。

　しかし，例えば，以下のような**既に日常業務の中に定着しているリスク対応によるリスク低減効果を客観的・合理的に把握することは実務上難しく，正しい固有リスクの評価が難しい**場合がある。

　このような場合には，リスク評価を残余リスクで統一して行うことが，リスク評価を客観的・合理的に行うために必要である[6]。

〈既に日常業務の中に定着しているリスク対応の例〉
(a) 品質不良を防止するための各種の品質管理マニュアルの周知・徹底，
(b) 各種の品質検査の実施
(c) 作業事故防止のための各種の作業安全訓練や管理・指導　　など

◎⑤ 前提条件の理解

　VaR（Value at Risk；バリュー・アット・リスク：予想最大損失額）などの統計的な計測手法を用いて算定したリスクの計測値を，リスク評価に用いる場合がある。その場合，リスクの計測値は所定の前提条件の下で測定されたものであるため，前提条件が変化すると，計測値が変化し，リスクの評価結果も変化する。したがって，それが拠って立つ前提条件やその限界を理解しないまま，統計的計測手法を用いると，リスクを過小評価するなど，リスク評価を誤る場合がある。

　そのため，**統計的計測手法を用いて算出したリスクの計測値をリスク評価に使用する場合には，算出された計測値は所定の前提条件の下で測定されたものであり，前提条件が変われば変化することを理解した上で，使用する**ことが必要である。そして，前提条件が合理的で，納得がいくものであることを確認することが必要である。

(2) 評価を誤りやすい事項

◎① 経営者によるトップダウン案件

例えば，新規事業進出や企業買収などの大規模案件を経営者によるトップダウンで推進する場合には，主管部門は経営者の"お墨付き"があったと考え，いわば"実施ありき"で案件を進めようとして，リスク評価が甘くなる場合がある。

他方，財務部門などの関係スタッフ部門は，主管部門によるリスク評価に懸念があっても，問題点を指摘すると経営者の意向に反するのではないかと慮り，必要な意見具申を行わない場合がある。その結果，リスク評価が不十分なまま案件が実施され，後にリスクが顕在化することがある。**経営者発案の大規模案件では，主管部門も関係スタッフ部門も共に，適切なリスク評価が行いにくい場合がある**ことに留意する必要がある。

そのため，大規模案件を経営者によるトップダウンで推進する場合，経営者は主管部門，および関係スタッフ部門に対して，通常案件より厳しくリスクを評価するよう指示することが必要である[7]。

◎② 外部専門家によるデータ計測結果の精査

例えば資源の埋蔵量調査のような組織に知見がない重要案件のリスク評価を行うために，評価の元となる基礎データの計測を外部専門家に依頼する場合がある。その場合，計測の前提条件や計測手法の限界の確認が不十分なまま，計測結果をリスク評価に使用することがある。また，データの解釈に担当者の恣意や主観が入ることもある。その結果，リスクを過小に評価することがある。しかし，専門家の計測結果であることを過度に信頼して，計測結果を十分に精査せず，リスク評価の誤りに気付かない場合がある。

そのため，**外部専門家によるデータ計測結果をリスク評価に使用する時には，計測結果を十分に精査し，疑問がある場合には確認し，納得したうえで使用す**

ることが必要である。

◎③ 小さなリスクが多数顕在化している場合
　例えば，自動車メーカーにおける安全性の確保など事業の特性上社会から厳格な遂行を強く求められている基幹業務で，**小さなリスクが多数顕在化しているが，都度現場で対応されているため大事には至らない事案**がある。そのような事案は，いわば"氷山の一角"で，背後には大きなリスクが潜んでいることがある。各現場では希にしか発生しない特殊な事案のように見えても，組織全体で見ると不自然に多く発生しており，本社統括部門に報告されていれば，重要リスクが顕在化する予兆を把握できる場合がある。しかし，現場で対応が完結しているため，本社統括部門に情報が伝達されない場合には，組織全体で対応を取るべき重要リスクが把握できないことがある。
　そのため，このようなリスクについては，**現場から本社統括部門へ報告する方法とルートを定めた報告ルールを策定する**ことが必要である。詳細は，「第6章1.⑥上位組織への報告ルールの策定と徹底」を参照のこと。

(3) 環境変化に伴うリスク

◎① 環境変化の把握
　リスクは，例えば，㋐組織構造の変更や新規システムの導入など組織内部の環境変化，および，㋑市場構造・顧客ニーズの変化や規制の変化など組織外部の環境変化に応じて変化する。つまり，リスクは"自分の仕事"だけを見ていても見えてこない。
　そのため，**リスクを把握・評価する時には，組織内外の環境変化を把握し，それが組織にどのような影響を及ぼすのか検討する**ことが必要である。

◎② 環境変化に伴い変化するリスクへの対応
　例えば，以下のように組織内外の環境が変化している場合には，変化に伴い，

㋐リスクの重大度が高まる，㋑新たなリスクが発生する，もしくは，㋒既存のリスク対応の有効性が低下するなど，リスクが変化する可能性が高まる。

そのため，組織内外の環境の変化に伴い，㋐従来のリスクがどのように変化しているのか，また，㋑どのような新たなリスクが発生しているのか，さらに，㋒既存のリスク対応の有効性がどのように変化しているのかを定期的に検討し，必要な対応を行うことが必要である。

《事業環境の変化の例》
(a) 市場の変化に伴う事業，組織構造，もしくは業務内容の変化
(b) 取扱い商品の大幅な変化
(c) 取引先の大幅な変更
(d) 海外進出や新規分野への進出など新たな成長戦略の遂行
(e) IT（情報技術）の進化をはじめとする技術の進化　など

《環境変化に伴い変化するリスクとその対応の例》
(a) 外国人宿泊客が急増する宿泊施設の例[8]
　　宿泊客の大半が日本人であったホテルで，外国人宿泊客が急増している場合には，日本語を理解できない外国人宿泊客の災害発生時のリスクが高まる。
　　そのため，外国語での館内表示や館内放送を行っている。
(b) 融資から投資へ業務を拡大する子会社の例[9]
　　従来，不動産担保融資が主な業務であった子会社が，低金利下で利益を確保するため，不動産への投資やビル管理など取得した不動産の管理へと業務を拡大している場合には，それらに関するリスクが高まる。
　　そのため，親会社は，監査などのモニタリングの対象を従来の融資に関するリスクに加えて，新たに不動産投資や不動産管理業務に関するリスクに広げている。
(c) 急速に事業を拡大する新興国拠点の例
　　新興国Aでの急速な事業拡大に伴い，同国拠点の規模が急拡大している場合，コンプライアンスなど拠点での活動に伴うリスクが高まる。
　　そのため，監査などのモニタリングの範囲や頻度を，拡大した規模に相応しい水準に拡大している。

(4) リスク評価における各種の課題

◎① 戦略や事業目的策定時でのリスクの把握・評価
　新たな戦略や事業目的を策定した場合には，その遂行に伴い新たなリスクが発生することが多い。戦略や事業目的の遂行に取り組んだ時に初めてリスクに気付き，対応が遅れる事態は避けることが必要である。
　そのため，新たな戦略や事業目的を策定する際には，その達成のための取組みに伴い発生することが**想定されるリスクを予め把握・評価し，必要な対応を検討しておくこと**が必要である。

◎② 部門内でのトップリスクの共有
　部門内で当該部門の重要リスクとその対応状況が把握され，共有されていることが，部門内に共通した重要リスクに対する認識を浸透させるために必要である。
　また，これは，部門において全社的リスクマネジメントを実施する第一歩である。
　そのため，部門長および部長等の**部門の主要幹部は，自部門の最も重要なトップリスク，例えば3～10項目程度とその対応状況を共有している**ことが必要である。

◎③ "懸念"を覚知した段階での迅速かつ十分な対応
　例えば，大量の個人情報を取り扱う組織での大規模情報漏洩など，顕在化した場合に甚大な影響を及ぼすリスクについては，顕在化した段階で対応したのでは，手遅れとなり大きな損害を受ける場合がある。したがって，このようなリスクは，顕在化する**"懸念"を覚知した段階で迅速かつ十分な対応を行う**ことが必要である。
　そのため，平時からそのような甚大な影響を及ぼす可能性があるリスクを想

定・評価し，取るべき対応を予め検討しておくことが必要である。そして，それらのリスクとその対応が，組織内で周知，共有されていることが必要である。

◎④　独立した部門による確認・承認

　新商品・新サービスの販売や新分野への進出など，新しい業務の開始を決定する場合には，主管部門だけの判断では，いわば"お手盛り"となり，リスクを適切に評価できない場合がある。

　そのため，業務の主管部門は必要な範囲に限り権限が付与されていることが必要である。そして，新業務の開始など**付与された権限を超える事項の決定については，例えば法務部門のリーガルチェックや財務部門の採算分析を受けるなど，当該部門から独立した部門の確認，承認を受ける**ことが，リスクを適切に評価し，リスクを踏まえた意思決定を行うために必要である。

◎⑤　「顕在化に至る速度」が遅いリスクへの対応

　新型インフルエンザや台風など，「顕在化に至る速度」が比較的遅く，時間の経過により被害水準がある程度予想できるリスクについては，必要な情報をタイムリーかつ正確に収集して，随時リスクを評価することにより，臨機応変で無駄のない対応が行える。

　そのために，そのようなリスクについては，**事前に情報をタイムリーかつ正確に収集して，随時リスクを評価できる体制を整備しておく**ことが必要である。また，複数の被害シナリオを作成して，想定されるリスクを時系列で評価し，必要な対応を検討しておくことが必要である。

◎⑥　「影響度が大きいが発生可能性が低いリスク」を評価する場合の留意事項

(a)　リスクマップについて

　【図表5－2－①】，【図表5－2－②】は，リスクA，Bをプロットしたリスクマップであり，縦軸は影響度，横軸は発生可能性を示している。

　中央の黒の曲線が，**組織目的を達成するために組織が意図的に受け入れるリ**

スクの種類と量である「リスク選好」を示している。曲線の右上の領域はリスク選好を超える受け入れがたい高リスクの領域を，左下の領域はリスク選好の範囲内にある受け入れられる低リスクの領域を表している。

リスクマップ上で重大度が高いリスクを選択する際に，共にリスクAは重大度が高いと評価される。他方，リスクBについては二つの考え方がある[10]。

(b) **影響度が大きいが発生可能性が低いリスクBを重大度は低いと評価する場合**

【図表5－2－①】では，リスク選好を示す曲線は，原点から凹の線で描かれており，リスクBは，重大度は低いと評価されている。

これは限られた経営資源を，発生可能性が低いリスクにまで投入することは無駄となるおそれがあるため，**影響度と発生可能性を同じウエートで評価し，影響度と発生可能性の双方が高いリスクを重大度が高いと考える場合**である。

(c) **リスクBを重大度が高いと評価する場合**

他方，【図表5－2－②】では，リスク選好を示す曲線は，原点から凸の線で描かれており，リスクBは，重大度が高いと評価されている。

これは，**発生可能性は低いが万一発生した場合には甚大な影響を及ぼすリス**

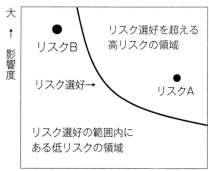

リスクBを重大度が低いと評価

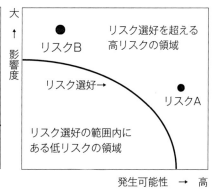[11]

リスクBを重大度が高いと評価

クは,たとえ発生可能性が低くても,重大度が高いと考える場合である。

(d) リスクBの評価について検討すべき事項

「影響度が大きいが発生可能性が低い」リスクBを,重大度が低いと評価した場合(【図表5－2－①】の場合)には,その判断根拠が適切であるか検討することが必要である。

また,リスクBを重大度が高いと評価した場合(【図表5－2－②】の場合)には,対応策への経営資源の投入水準の妥当性を検討することが必要である。

(5) 重要だが見落としやすいリスク

◎① 発生可能性が低いが影響度が甚大なリスク

例えば,大津波や広域大規模停電など**発生可能性が低くても,顕在化した時の影響度が甚大な事象は,めったに起きないため,普段は注意せず無防備になっている**ことが多い。その結果,実際に起きた時に戸惑い,十分な対応ができないことがある。

そのため,このようなリスクは重要リスクとして把握しておくことが必要である。

◎② 複数部門が関わるプロジェクトでのリスク対応

複数の部門が関わるプロジェクトで,リスク対応についての責任や役割分担が明確になっていない場合がある。この場合には,重大な影響を及ぼすことが予想される事象であっても,自部門には対応する責任がないと考え,リスクとして認識せず,結果として**どの部門も把握していないリスク**が存在することがある。また,リスクとして認識していても,自部門には対応する責任はないと考えて,**どの部門も対応していないリスク**が存在するケースがある。

このような場合には,リスク対応についての責任や役割分担を関係部門で協議し明確にしておくことが必要である。また,関係部門での調整が難しい場合には,リスク管理部門が客観的な第三者として,部門間の調整を行うことが必

要である。

③ 顕在化を防止する手段がないリスク

「第3章1.③顕在化を防止する手段がないリスク」を参照のこと。

(6) 不祥事を防止するために注意すべき事項

◎① 一人が自己完結的に経理業務を行える環境を作らない

　少人数の職場で職務の分離が困難な場合，事務担当者以外の特定個人に経理業務を自己完結的に担当させざるを得ない場合がある。しかし，**営業担当者が一人で，受注・発注から，請求・債権管理などの経理業務まで一連の業務を自己完結的に行える場合には，売上高や売掛債権の残高をコントロールすることができ，かつ書類や各種数値の整合性を確保することが可能となる**。このような環境は，架空取引等の不正行為を誘発するため，十分注意する必要がある。

　この場合，いわば伝票を書くだけで，望むだけの売上げを立てることができるため，一度行うと止められなくなることが多い。また，必要な書類は揃っており，経理システム上の残高とも整合性がとれているため，監査で発見しにくく長期化し，被害額が大きくなりやすい。

　そのため，最低でも例えば，債権管理など経理業務の一部に事務担当者を関与させるなど，営業担当者に経理業務を自己完結的に行わせないことが必要である。また，少人数の職場であるため，事務担当者を配置することが難しい場合でも，上位者が定期的に確認するなど，営業担当者が一人で自己完結的に経理業務が行えると確信できる環境を作らないことが必要である。

◎② 決裁権限者と申請者の分離

　例えば，総務部長が決裁権限者である支払案件を同じ総務部長が申請するなど，決裁権限者と申請者が同一人物である場合には，着服などの不正リスクが高まる。

そのため，そのような場合には，例えば部長決裁なら常務決裁とするなど，1階級上位の者へ決裁権限を格上げするか，もしくは総務担当マネージャーが決裁するなど，職務の分離を職責権限規則等の社内規則で定めておくことが必要である。

◎③　特定の従業員が金銭支出に関する業務を長期間担当する事態の回避

購買，発注，業者選定など金銭の支出に関係する業務を，特定のベテラン従業員が長期間担当し，業務が属人化している場合には，着服などの不正リスクが高まる。

そのため，このようなベテラン従業員がいる場合には，**人事ローテーションを行う，もしくは業務を複数の者で行えるように分担して定期的に業務を交代させるなど，業務の属人化を防ぐ措置を取る**ことが必要である。また，少人数職場などで，これらが行えない場合でも，管理者がベテラン従業員の行う業務の内容を定期的に確認することが必要である

◎④　専門的・複雑な取引に対する上位者の理解

例えばデリバティブ取引など，高度な専門性を要する複雑な取引を決裁する際に，上位者がその内容を理解できていない場合，取引に伴うリスクを把握できず，大きな損失を被る可能性がある。

そのため，上位者は，そのような取引を決裁する場合には，取引内容を理解し，想定されるリスクとリスクへの対応を理解できるまで，担当者に説明を求めることが必要である。そして，理解できない場合には，決裁しないことが必要である。

◎⑤　監査対象外業務の理由確認

専門性が高い特殊な業務である等の理由により，監査役監査や内部監査の対象外となっている業務は，必要な牽制機能が働かず，不祥事が発生する可能性がある。特に，長期にわたり監査対象外となっている場合には，組織内でリス

クの存在自体が認識されなくなることがある。当該業務の担当者も，監査対象外であることを認識しているため，内部での牽制が働かなくなり，不祥事の温床となる可能性が高まる。

　そのため，**長期にわたり監査の対象外となっている業務がある場合には，対象外となっている理由を確認する**ことが必要である。特に，特定個人が長期間担当している監査対象外の業務については，優先して確認を行う必要がある。

◎⑥　スタープレーヤーや花形部門への過度な依存・聖域視の回避

　ある特定の分野で顕著な実績を上げている個人や部門，いわゆるスタープレーヤーや花形部門が，過大な権限や裁量を持つ場合には，必要な牽制機能が働かなくなる。その結果，不正などの問題が長期間発見されず，大きな損害が発生する場合がある。

　過去に大きな実績を上げていたが，その後の外部環境の変化により高い実績が維持できなくなった場合や，取引の失敗により損失を出した場合に，組織内での高い評価を維持するために，架空取引などの不正を行う場合がある。これは，個人的な金銭面での利益を目的としたものというよりは，組織の期待に応えたい，もしくはプレッシャーを受けて背に腹は代えられないという心理的圧力によるものである。目的が社内での高い評価の維持であるため，一度不正を行うと，止められなくなり長期間継続することが多い。

　そのため，このような個人や部門については，必要な牽制機能が働いていることを確認する必要がある。特に，㋐担当する業界全体が低迷している時期にも一定の利益や売上げを維持している場合，㋑期末に取引が極端に集中している場合，もしくは，㋒頻繁な返品・契約変更・入金遅延など不自然な事象が見られる場合には，特に注意して確認する必要がある。

◎⑦　協力企業や仕入先への発注単価の確認

　営業担当者や購買担当者など，協力企業や仕入先への発注に関係する者は，牽制機能が働かない状態が長期間続いた場合には，キックバックの受領など，

発注に伴う不正行為を行うリスクが高まる。

　そのため，㋐**発注単価が他と比べて高額ではないか**，もしくは，㋑**他と比較できない場合でも世間一般の相場観と比べて乖離や違和感はないか**などを定期的に確認することが必要である。

◎⑧　**外部提出データの他部門による確認**

　規制当局や発注元など外部に提出するデータを取り扱う部門は，牽制機能が働かない状態が長期間続いた場合には，例えば，㋐**データの改ざん**，㋑**法令による規定と異なる方法でのデータ測定**，もしくは，㋒**都合の良いデータを選んでの提出**などの不適切な報告を行う誘惑に駆られるリスクが高まる。

　そのため，**データの提出に際しては，担当部門以外の他部門が確認した上で提出する**ことが必要である。そして，そのことを職責権限規則等の規則で定めることが必要である。

◎⑨　**外注先・派遣社員の情報漏洩リスクへの対応**

　外注先や派遣社員は，企業や個人によっては，個人情報や機密情報などの情報漏洩リスクの重大性についての認識が低い場合がある。

　そのため，例えば，派遣社員が執務室に一人だけいる状況を作らないよう，必ず従業員が一人は執務室に残るようにしておくなど，従業員よりもキメの細かい漏洩防止対策を取ることが必要である。なお，外注先や派遣社員の認識が常に低いわけでないことには留意しておくことが必要である。

◎⑩　**プレッシャーへの対応**

　例えば，現有の経営資源と比較して大幅に高い目標を設定するなど，以下のような要因によりプレッシャーが相当程度高まっている場合には，コンプライアンス違反を犯すリスクが高まることがある。

　そのため，そのような場合には，プレッシャーが高まることを想定して，例えば，㋐**プレッシャーを適切な水準まで低下させるように，業務量や目標を調**

整する，㋑要員や予算等の経営資源の投入量を調整する，もしくは，㋒プレッシャーの高さに見合った水準の管理を行うなど，必要なリスク対応を行うことが必要である。

> 《プレッシャーを高める要因の例》
> ㋐ 営業，製品開発，安全対策などで，現有の経営資源と比較して大幅に高い目標を設定した場合
> ㋑ 業務の大幅な効率化
> ㋒ 急激な外部環境の変化
> ㋓ 短期の業績に過度にリンクした報酬制度や業績評価制度

(7) リスクの許容範囲

◎① リスクの許容範囲の設定

　組織が受け入れられる数値や指標で示されたリスクの種類と量である「リスクの許容範囲」が定められていない，もしくは徹底していない場合には，各部門はリスクに対する認識が恣意的になり，リスクの取り方を誤解することがある。その結果，リスクを過大に取り，許容範囲を超える損失を発生させたり，逆に過度にリスクを回避して，収益機会を逃す場合が発生する。

　そのため，**リスクの許容範囲を定め，各部門はその範囲内でリスクを取る**ことが必要である。それにより，各部門は，リスクを過度に回避することなく，リスクを適度に取りながら，組織目的の達成に向けて最適な取組みが行える。

　なお，前述した組織目的を達成するために組織が意図的に受け入れるリスクの種類と量である「リスク選好」は，思想的，概念的なものであり，数値や指標で示されることは少ない。それに対して「リスクの許容範囲」は，数値や指標で示された具体的なものある点が，両者の相違点である。リスク選好については，「第1章2.(4)組織目的を達成するために受け入れるリスクの種類と量（リスク選好）」を参照のこと。

◎② リスクの許容範囲と整合性のとれた業績評価制度

　収益指標を基準にする業績評価制度を採用しているが，リスクの許容範囲が定められていない場合には，ハイリスク・ハイリターンで高い収益を達成した部門や個人が高く評価されるため，過大なリスクを取る危険性がある。

　そのため，**収益指標を基準とした業績評価制度では，リスクの許容範囲を定め，取ったリスクをその範囲内に収めて目標達成した部門や個人を高く評価する仕組みとする**ことが必要である。このように，業績評価制度はリスクの許容範囲と整合性のとれたものとすることが必要である。

(8) リスクの適切な把握・評価やリスクへの感度を磨くために必要な事項の例

◎① 自分以外の視点も意識する

　自分の立場・役割だけでリスクを評価すると，評価が甘くなる場合がある。
　そのため，問題となる可能性がある事案に接した場合には，自分の立場・役割だけでリスクを評価せず，例えば，以下のような**自分以外の視点も意識して評価する**ことがリスクを適切に把握・評価するために必要である。㋐業務上つながりがある他の人から見た場合にはどう見えるのか，㋑組織全体として見た場合にはどう見えるのか，もしくは，㋒社会から見た場合にはどう見られるのかなど。

◎② 社会の視点で見る

　例えば，地震など特定の事案から想定されるリスクを把握，評価する時に，事案を組織外部の視点，特に社会の視点から見た場合と，組織内部の視点で見た場合とでは想定されるリスクが異なることがある。その場合には，組織内部の視点だけでリスクを想定していると，リスクの把握に漏れが生じる。

　そのため，**事案を組織内部の視点だけでなく，社会の視点からも見る**ことが，リスク把握の漏れを防ぐために必要である。なお，社会の視点から見ることの

意義については，「第8章2.(4)③現場や主管部門からは見えないリスク」も参照のこと。

◎③　自らに置き換えて考える

　他部門，同業他社，もしくは社会でのリスク事案に接した時に，他人事として受け止めず，自分の職場や組織にも関係しているかもしれない，自分にも降りかかってくるかもしれないと受け止める。そして，**自分の職場や組織に置き換えて，「なぜ起きたのか」，「どのようにすればよかったのか」，「自分だったらどうするか」などと考える**ことがリスクへの感度を磨くために必要である。

◎④　リスクがもたらす帰結を考える

　リスクを検討する時に例えば，㋐リスクが顕在化したらどのようなことが起こり得るのか，㋑社会からどのように受け止められるのか，そして，㋒その結果どのような帰結がもたらされるのかを考える。このように**リスクが顕在化した時に起こり得る一連の事態を想定する想像力を鍛える**ことが，リスクへの感度を磨くために重要である。

　また，特定事案のリスクを検討する時には，最悪のケースから逆算して起こり得る事象を想定することや，リスクが顕在化した時に起こり得る最悪ケースを想定することも，リスクへの感度を磨くために重要である。

(9)　リスク事案の事例研究で注意すべき事項

◎①　リスクについて考えてもらう

　職場でリスク事案の事例研究を行う場合には，単なる事実関係の説明や指示の伝達に終わるのではなく，リスクについて自分の頭で考えてもらうことに重点を置くことが必要である。

　例えば，管理者が部下に対して以下のような問い掛けを行い，短時間（30秒から1分程度）考えてもらい，数人を指名して，考えた結果を自分の言葉で発

してもらうことなどが考えられる。**事例を自分の問題として考え，対応を自分の声として発することによって，事例に対する腹落ち感が深まると共に，リスクに対する感度を高める**ことができる。

〈事例研究での問い掛けの例〉
(a) 事案の中で何がリスクなのか，何が原因で事案が起きたのか
(b) 事案を自分の仕事に置き換えた場合，何がリスクで，それを防止するためには自分は何をなすべきなのか。
(c) 類似事案の再発を防ぐためには，何が必要なのか　など。

◎② 自分の言葉で説明する

　リスク事案の事例研究を行う場合には，㋐管理者は**自分の言葉で，いわば自分の"色"を付けて事例を説明**し，㋑事例に対する自分の考えや意見を伝え，㋒自分の職場に置き換えて注意すべき事項を伝えることが必要である。

　また，部長等の上級管理者は，必要に応じてマネージャー等の中間管理者が部下に適切に説明できるように，例えば「こういう点を重点的に話すように」などと，簡単な"説明ポイント"を指示することも必要である。

3．戦略に関するリスクを対象とする場合の留意事項

　全社的リスクマネジメントは，前述のとおり戦略に関するリスクを含む組織の全てのリスクを対象としている。しかし，実務では必ずしも全てのリスクを対象としていない場合がある。以下では我が国での全社的リスクマネジメントの実情を踏まえながら，導入初期の段階で戦略に関するリスクを対象とする場合に留意すべき事項を説明する。

(1) リスクの"属性"と全社的リスクマネジメントとの関係

リスクには様々な"属性"があり，全社的リスクマネジメントを経営判断のサポートとして活用するためには，**組織の全社的リスクマネジメントで対象とするリスクの"属性"を確認し，対象とするリスクを明確にする**ことが必要である。組織の全社的リスクマネジメントの性格や過去の経緯等により，リスクの属性によっては，対象となるリスクと，対象とならないリスクが存在する場合がある。リスクの"属性"と全社的リスクマネジメントとの関係は，例えば以下のとおりである。

《リスクの"属性"と全社的リスクマネジメントとの関係》
(a) 業務的な側面に関するリスク（オペレーションリスク）
　☞どの組織でも全社的リスクマネジメントの対象とされている。
(b) 営業に関するリスクや，財務に関するリスク
　☞一部は，組織によっては対象とされていない場合がある。
(c) 自組織の事業領域に関係する法令・制度の変更や国・自治体の政策変更に関するリスクや株主権に関するリスク
　☞対象とされていない場合が多くなる。
(d) 戦略に関するリスク
　☞さらに対象とされていない場合が多くなる。

また，リスクの属性とその例，および対象範囲については，**【図表5-3】**に示したとおりである。

図表5－3 全社的リスクマネジメントで対象とするリスクの属性とその例・対象範囲

	リスクの属性	例	対象範囲
戦略的	○戦略に関するリスク 　㋐戦略の未達，大幅遅延。 　㋑戦略遂行に伴うリスク。 　　（リターンを得るために受 　　け入れるリスク） 　㋒戦略が環境変化に対応でき 　　ない。 　㋓戦略の策定を誤る。	㋐新規事業進出や海外進出の失敗／大幅な遅れ　㋑大規模投資の未回収　等	
業務的	○㋐法令・制度の変更や国・自治体の政策変更に関するリスク（自組織の事業領域に関係するもの），㋑株主権に関するリスク　等	㋐法令・制度や国・自治体の政策の不利な変更，㋑敵対的買収　等	
	○㋐営業に関するリスク，㋑財務に関するリスク　等	㋐事業環境の不利な変化や自組織の製品・サービスの競争力の低下，㋑市場価格の不利な変動や資本市場の混乱　等	
	○業務的な側面に関するリスク（オペレーションリスク）	㋐地震，㋑事故，㋒システム障害，㋓品質不良，㋔コンプライアンス違反　等	

(2) 段階的に「重要リスク一覧表」に含めていく

　戦略に関するリスクの多くがリスクマネジメント規則別表の「重要リスク一覧表」に含まれていないなど，戦略に関するリスクが全社的リスクマネジメントの対象外となっているように見える場合がある。しかし，戦略に関するリスクは，全社的リスクマネジメントの重要な要素であるため，経営環境の変化や新しい戦略の策定が議論されるタイミングなどを捉えて，段階的に「重要リスク一覧表」に含めていくことが必要である（**図表5－4**）。

図表5－4 「戦略に関するリスク」を段階的に「重要リスク一覧表」に含めていく

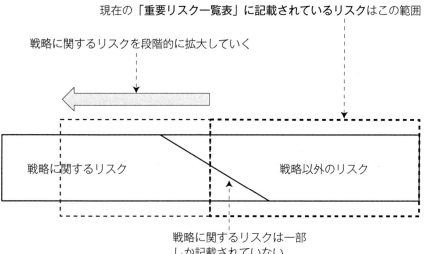

(3) 戦略に関するリスクを対象とする際の留意事項の例

　全社的リスクマネジメントの導入時に，戦略に関するリスクを対象とすることに対して，組織内で理解を得にくい場合が考えられる。以下では，戦略に関するリスクを対象とする場合に留意すべき事項を，想定される事例とそれへの対応を対比させながら説明する。なお，以下は全て新聞，ネット，および書籍などの公開情報を基に想定した架空の事例である。

◎① 「本来業務との二重管理になる」との受け止め
　[想定事例]
　通常，各部門は，戦略を実現するためのアクションプランを，業務計画の重点実施項目として策定し，未達にならないように進捗管理している。**リスク対**

応は，アクションプランそのものであるため，このアクションプランを改めて全社的リスクマネジメントの対象として管理することは，"二重管理"となり，"仕事を増やすだけ"と受け取られることが考えられる。
［対 応］
　戦略に関するリスクを対象とすることに，組織内で理解が進まない場合には，円滑な導入のために当面は，例えば以下のような代替的な方法により，リスクとその対応策を把握，管理することも一つの方法と考えられる。

《戦略に関するリスクの代替的な管理方法》
(a)　当面は，戦略に関するリスクの管理は，リスクの把握と重要リスク一覧表への記載までとする。リスクの管理活動として通常行われている㋐リスク対応策を含む「重要リスク報告用紙」の提出依頼，㋑リスク管理部門による対応策の評価，および，㋒リスクとその対応についてのヒアリングは，当面行わない。これらは，全社的リスクマネジメントの定着度合いを見ながら徐々に行っていく。
(b)　各部門は通常，戦略実現のためのアクションプランの進捗状況を定期的に取締役会や経営会議に報告しているため，その報告結果を受領して，リスク対応策の実施状況を把握する。
(c)　また，財務部門などの業績管理部門が各部門の目標対実績管理や業績評価を行っている場合には，同部門が作成した管理・評価に関する資料を受領して，リスク対応策の実施状況やその評価結果を把握する　など。

---

② 「マイナス事象とは対応策の管理の仕方が異なる」との意見
［想定事例］
　マイナス事象に限定したリスクは「あってはならないもの」，「できるだけ減らすべきもの」であり，あれば全て対応する必要がある。そのため，立案したリスク対応策はできる限り実施する必要がある。
　他方，戦略などプラス事象を実現するための対応策は，その時々の経営環境に応じて取捨選択して実施すべきもので，立案した対応策の全てを実施する必要はない。しかし，戦略に関するリスクを全社的リスクマネジメントの対象と

すると，リスク対応策を全て実施する必要があるという印象を与える。そのため，例えば以下のような意見が出されることが考えられる。

> 《予想される意見》
> (a) 戦略が目標とする売上高，市場シェアなどの達成を実現すればよいのであり，それらを達成するための手段である個々の対応策を全て管理する必要はないのではないか。
> (b) 戦略に関するリスクとそれ以外のリスクとでは，対応策の管理の仕方が違うため，一緒に管理する必要はないのではないか。つまり，「重要リスク一覧表」への記載は，適当ではないのではないか　など。

[対　応]

上記①と同じ。

③　「取締役会や経営会議と同様の機能を果たすように見える」との受け止め

[想定事例]

各部門は，戦略を実現するためのアクションプランは，経営計画そのものであり，取締役会や経営会議の場で経営陣が管理しているものと考えている。そのため，このアクションプランを経営管理手法の一つである全社的リスクマネジメントの対象とすることには，組織内で例えば，以下のような違和感を持たれることが考えられる。

> 《考えられる違和感の例》
> (a) リスクマネジメント委員会が，取締役会や経営会議と同様の機能を果たそうとしているように見える。
> (b) 全社的リスクマネジメントが業績管理を含めて，組織活動の全てに"君臨"しているように見える　など。

[対　応]

上記①と同じ。

注 ─────────
(1) 一般社団法人　日本内部監査協会　CIAフォーラム　No. a 3　ERM研究会（第 9 期）「リスク評価手法の内部監査での25の活用事例　～内部監査での活用方法・改善提言のための確認事項～」（2016年11月）（以下，「ERM研究会（第 9 期）リスク評価手法」という）の 3 頁から引用。
(2) 「ERM研究会（第 9 期）リスク評価手法」の 8 頁（ 1 .(1) 4 つのリスクの評価基準）から引用。
(3) 「ERM研究会（第 9 期）リスク評価手法」の 8 頁（ 1 .(2)評価基準の使い方）から引用。
(4) 「ERM研究会（第 9 期）リスク評価手法」の 8 頁（ 1 .(3)リスクの評価の際の視点）から引用。
(5) 「ERM研究会（第 9 期）リスク評価手法」の34頁（14　完工までに長期間を要しその間の各段階でリスクが変化する建設業におけるリスク評価手法）を参考にして記載。
(6) 「ERM研究会（第 9 期）リスク評価手法」の30頁（ 9　残存リスクのみに限定したリスク評価」）を参考にして記載。
(7) 「ERM研究会（第 9 期）リスク評価手法」の40頁（20　社長発案の大型投資案件に対する不十分なリスク評価）を参考にして記載。
(8) 一般社団法人　日本内部監査協会　CIAフォーラム　No.15　ERM研究会（第 8 期）「改訂版COSO内部統制フレームワークの内部監査での活用事例　～改訂版COSOの17の原則の観点から見た内部監査において留意すべき問題事例と改善提言のための確認事項～」（2015年11月）（以下「ERM研究会（第 8 期）改訂版COSO内部統制フレームワーク」という）の50頁（将来の事業環境やリスクの変化が未検討）を参考にして記載。
(9) 「ERM研究会（第 8 期）改訂版COSO内部統制フレームワーク」の52頁（主要事業プロセスを組み込んでいない日常的評価体制）を参考にして記載。
(10) 以下は，「ERM研究会（第 9 期）リスク評価手法」の28頁（ 8 . 発生可能性は低いが影響度が甚大なリスクをリスクマップで評価する場合の留意事項）を参考にして記載。
(11) 「ERM研究会（第 9 期）リスク評価手法」の29頁（【図表 5 － ①】，【図表 5 － ②】）から引用。

第5章　リスクの把握・評価と対応

◀チェックリスト▶

■リスクの把握・評価で留意すべき事項　☞2.(p.90)

(1) 評価手法

No.	項　　目	評価
1	最悪ケースでのシナリオ分析 　特に重要なリスクについては，それが顕在化した場合のシナリオを作成して，組織に及ぼす影響を把握し，取るべき対応を検討していますか。また，シナリオは例えば，以下のような考えられる最悪ケースを想定して作成，分析していますか。 　(a)　過去経験した最悪のケース 　(b)　想定し得る最悪のケース 　(c)　顕在化した場合の影響度は甚大であるが，通常では想定しにくい発生可能性が低い事象が発生するケース　など	
2	前提条件変化の想定 　例えば，以下のような組織が事業を行う前提条件が大幅に変化した場合の影響を想定し，中長期的に取るべき対応を検討していますか。 　(a)　組織の競争優位の源泉となっている技術の陳腐化 　(b)　収益面で大きく依存している大口顧客の喪失 　(c)　主力製品・サービスの供給を支える中核的なサプライヤーの喪失　など	
3	完成までに長期間を要するプロジェクトでのリスクの評価・対応 　プラント建設や大規模システム開発など，完成までに長期間を要し，その間の各段階で固有のリスクが発生するプロジェクトでは，節目ごとにリスクを評価して，問題の有無を確認し，次の段階に進む前に必要な対応を検討する体制を構築していますか。	

No.	項目	評価
4	**残余リスクによる評価** 　既にリスク対応が日常業務の中に定着しているリスクなど，対応によるリスク低減効果を客観的・合理的に把握することが難しいリスクについては，対応を実施する前の段階のリスクの重大度である固有リスクではなく，対応を実施した後になお残るリスクの重大度である残余リスクで評価していますか。	
5	**前提条件の理解** 　リスク評価にVaR（Value at Risk；バリュー・アット・リスク：予想最大損失額）などの統計的な計測手法を使用する場合には，算出された計測値は所定の前提条件の下で測定されたものであり，前提条件が変われば変化することを理解した上で，使用していますか。そして，その前提条件を理解し，それが合理的で，納得がいくものであることを確認した上で利用していますか。	

(2) 評価を誤りやすい事項

No.	項目	評価
1	**経営者によるトップダウン案件** 　例えば，新規事業進出や企業買収などの大規模案件を経営者によるトップダウンで推進する場合には，リスク評価が甘くなりがちであり，そのような事態を防ぐ必要がある。そのため，そのような案件については，経営者は主管部門，および財務部門などの関係スタッフ部門に対して，通常案件より厳しくリスクを評価するよう指示していますか。	
2	**外部専門家によるデータ計測結果の精査** 　組織に知見がない重要案件のリスク評価を行うために，評価の元となる基礎データの計測を外部専門家に依頼した場合には，計測結果を十分に精査し，納得したうえでリスク評価に使用していますか。	
3	**小さなリスクが多数顕在化している場合** 　例えば，自動車メーカーにおける安全性の確保など事業の特性上	

| | 社会から厳格な遂行を強く求められている基幹業務で，小さなリスクが多数顕在化している場合には，大事に至らなくても現場から本社統括部門へ報告する方法とルートを定めた報告ルールを策定していますか。 | |

(3) 環境変化に伴うリスク

No.	項　　　目	評価
1	環境変化の把握 　リスクを把握・評価する時には，組織内外の環境変化を把握し，それが組織にどのような影響を及ぼすのか検討していますか。	
2	環境変化に伴い変化するリスクへの対応 　組織内外の環境が変化している場合には，㋐従来のリスクがどのように変化しているのか，また，㋑どのような新たなリスクが発生しているのか，さらに，㋒既存のリスク対応の有効性がどのように変化しているのかを定期的に検討し，必要な対応を行っていますか。	

(4) リスク評価における各種の課題

No.	項　　　目	評価
1	戦略や事業目的策定時でのリスクの把握・評価 　新たな戦略や事業目的を策定する際には，その達成のための取組みに伴い，発生することが想定されるリスクを予め把握・評価し，必要な対応を検討していますか。	
2	部門内でのトップリスクの共有 　部門長および部長等の部門の主要幹部は，自部門の最も重要なトップリスク，例えば3～10項目程度とその対応状況を共有していますか。	
3	"懸念"を覚知した段階での迅速かつ十分な対応 　顕在化した場合に甚大な影響を及ぼすリスクについては，顕在化	

	する"懸念"を覚知した段階で迅速かつ十分な対応を行えるように，平時からそのようなリスクを想定・評価し，取るべき対応を予め検討していますか。そして，それらのリスクとその対応が，組織内に周知，徹底されていますか。
4	**独立した部門による確認・承認** 　新商品・新サービスの販売や新分野への進出など新しい業務の開始を決定する場合には，リスクを適切に評価するために，例えば法務部門のリーガルチェックや財務部門の採算分析を受けるなど，当該部門から独立した部門の確認，承認を受けていますか。
5	**「顕在化に至る速度」が遅いリスクへの対応** 　新型インフルエンザや台風など，「顕在化に至る速度」が比較的遅く，時間の経過により被害水準がある程度予想できるリスクについては，必要な情報をタイムリーかつ正確に収集して，随時リスクを評価し，臨機応変で無駄のない対応を行える体制を整備していますか。 　また，複数の被害シナリオを事前に作成して，想定されるリスクを時系列で評価し，必要な対応を検討していますか。
6	**「影響度が大きいが発生可能性が低いリスク」を評価する場合の留意事項** 　「影響度が大きいが，発生可能性が低いリスク」を，重大度が低いと評価した場合には，その判断根拠が適切であることを検討していますか。他方，そのようなリスクを重大度が高いと評価した場合には，対応策への経営資源の投入水準の妥当性を検討していますか。

(5) **重要だが見落としやすいリスク**

No.	項　　　　目	評価
1	**発生可能性が低いが影響度が甚大なリスク** 　例えば，大津波や広域大規模停電など発生可能性が低くても，顕在化した時の影響度が甚大な事象は，重要リスクとして把握していますか。	

| 2 | 複数部門が関わるプロジェクトでのリスク対応
　複数の部門が関わるプロジェクトで，リスク対応についての責任や役割分担が明確になっていますか。 | |

(6) 不祥事を防止するために注意すべき事項

No.	項　　目	評価
1	一人が自己完結的に経理業務を行える環境を作らない 　少人数職場であっても，営業担当者が一人で，受注・発注から，請求・債権管理などの一連の経理業務を自己完結的に行えないように，最低でも例えば，債権管理など経理業務の一部に事務担当者を関与させていますか。 　また，少人数職場であるため，事務担当者を配置することが難しい場合でも，上位者が定期的に確認するなど，担当者が一人で自己完結的に経理業務が行えると確信できる環境を作らないようにしていますか。	
2	決裁権限者と申請者の分離 　決裁権限者と申請者が同一人物である場合には，例えば部長決裁なら常務決裁とするなど，1階級上位の者へ決裁権限を格上げするか，もしくは総務担当マネージャーが決裁するなど職務の分離を職責権限規則等の社内規則で定めていますか。	
3	特定の従業員が金銭支出に関する業務を長期間担当する事態の回避 　購買，発注，業者選定など金銭の支出に関係する業務を，特定のベテラン従業員が長期間担当している場合には，人事ローテーションを行う，もしくは業務を複数の者で行えるように分担して定期的に業務を交代させるなど，業務の属人化を防ぐ措置を取っていますか。 　また，少人数職場などで，これらが行えない場合でも，管理者がベテラン従業員の行う業務の内容を定期的に確認していますか。	

4	専門的・複雑な取引に対する上位者の理解 　例えばデリバティブ取引など，高度な専門性を要する複雑な取引を決裁する場合には，上位者は取引内容を理解し，想定されるリスクとリスクへの対応を理解できるまで，担当者に説明を求めていますか。	
5	監査対象外業務の理由確認 　専門性が高い特殊な業務である等の理由により，長期にわたり監査役監査や内部監査の対象外となっている業務がある場合には，対象外となっている理由を確認していますか。特に，特定個人が長期間担当している監査対象外の業務については，優先して確認を行っていますか。	
6	スタープレーヤーや花形部門への過度な依存・聖域視の回避 　ある特定の分野で顕著な功績を上げている個人や部門，いわゆるスタープレーヤーや花形部門が存在する場合には，必要な牽制機能が働いていることを確認していますか。特に，㋐担当する業界全体が低迷している時期にも一定の利益や売上げを維持している場合，㋑期末に取引が極端に集中している場合，もしくは，㋒頻繁な返品・契約変更・入金遅延など不自然な事象が見られる場合には，特に注意して確認していますか。	
7	協力企業や仕入先への発注単価の確認 　営業担当者や購買担当者など協力企業や仕入先への発注に関係する者によるキックバックの受領など，発注に伴う不正を防止するために必要な牽制機能を働かせていますか。例えば，㋐発注単価が他と比べて高額ではないか，もしくは，㋑他と比較できない場合でも世間一般の相場観と比べて乖離や違和感はないかなどを定期的に確認していますか。	
8	外部提出データの他部門による確認 　規制当局や発注元など外部へのデータ提出の際には，担当部門以外の他部門が確認した上で提出することを，職責権限規則等の規則で定めていますか。	

9	外注先・派遣社員の情報漏洩リスクへの対応 　外注先や派遣社員は，個人情報や機密情報などの情報漏洩リスクの重大性についての認識が低い場合があることを認識して，従業員よりもキメの細かい漏洩防止対策を取っていますか。例えば，派遣社員が執務室に一人だけいる状況を作らないよう，必ず従業員が一人は執務室に残るようにしていますか。	
10	プレッシャーへの対応 　例えば，現有の経営資源と比較して大幅に高い目標を設定することなどにより，プレッシャーが相当程度高まっている場合には，例えば以下のような必要なリスク対応を行っていますか。 　(a)　プレッシャーを適切な水準まで低下させるように，業務量や目標を調整する。 　(b)　要員や予算等の経営資源の投入量を調整する。 　(c)　プレッシャーの高さに見合った水準の管理を行う　など。	

(7) リスクの許容範囲

1	リスクの許容範囲の設定 　組織が受け入れられる数値や指標で示されたリスクの種類と量であるリスクの許容範囲を定め，各部門はその範囲内でリスクを適度に取りながら，組織目的の達成に向けて取り組んでいますか。	
2	リスクの許容範囲と整合性のとれた業績評価制度 　収益指標を基準とした業績評価制度を採用している場合には，リスクの許容範囲を定め，取ったリスクをその範囲内に収めて目標達成した部門や個人を高く評価する仕組みとしていますか。	

(8) リスクの適切な把握・評価やリスクへの感度を磨くために必要な事項の例

No.	項　目	評価
1	自分以外の視点も意識する 　問題となる可能性がある事案に接した場合には，自分の立場・役	

No.	項目	評価
	割だけでリスクを評価せず，例えば，以下のような自分以外の視点も意識して評価していますか。㋐業務上つながりがある他の人から見た場合にはどう見えるのか，㋑組織全体として見た場合にはどう見えるのか，もしくは，㋒社会から見た場合にはどう見られるのかなど。	
2	社会の視点で見る 　例えば地震など特定の事案から想定されるリスクを把握，評価する時には，事案を組織の視点だけでなく，社会の視点からも見ていますか。	
3	自らに置き換えて考える 　他部門，同業他社，もしくは社会でのリスク事案に接した時に，他人事として受け止めず，自分の職場や組織にも関係しているかもしれない，自分にも降りかかってくるかもしれないと受け止めていますか。そして，自分の職場や組織に置き換えて，「なぜ起きたのか」，「どのようにすればよかったのか」，「自分だったらどうするか」などと考えていますか。	
4	リスクがもたらす帰結を考える 　リスクを検討する時に例えば，㋐リスクが顕在化したらどのようなことが起こり得るのか，㋑社会からどのように受け止められるのか，そして，㋒その結果どのような帰結がもたらされるのかを考えていますか。 　また，特定事案のリスクを検討する時には，最悪のケースから逆算して起こり得る事象を想定していますか。もしくは，リスクが顕在化した時に起こり得る最悪ケースを想定していますか。	

(9)　リスク事案の事例研究で注意すべき事項

No.	項目	評価
1	リスクについて考えてもらう 　職場でリスク事案の事例研究を行う場合には，管理者は例えば，以下のような問い掛けを行い，部下にリスクについて考えさせてい	

	ますか。そして，考えた結果を自分の言葉で発してもらっていますか。 (a) 事案の中で何がリスクなのか，何が原因で事案が起きたのか。 (b) 事案を自分の仕事に置き換えた場合，何がリスクで，それを防止するためには自分は何をなすべきなのか。 (c) 類似事案の再発を防ぐためには，何が必要なのか。
2	**自分の言葉で説明する** 　リスク事案の事例研究を行う場合には，㋐管理者が自分の言葉で，いわば自分の"色"を付けて事例を説明し，㋑事例に対する自分の考えや意見を伝え，㋒自分の職場に置き換えて注意すべき事項を伝えていますか。

■**戦略に関するリスクを対象とする場合の留意事項** ☞ 3．(p.108)

(1) 戦略に関するリスクを対象とする際の留意事項の例

No.	項　　目	評価
1	**代替的な方法による導入**　（「本来業務との『二重管理』になるとの受け止め」を参照） 　戦略に関するリスクを対象とすることに，組織内で理解が進まない場合には当面は，例えば以下のような代替的な方法により，リスクとその対応策を把握，管理していますか。 (a) 当面は，戦略に関するリスクの管理は，リスクの把握と重要リスク一覧表への記載までとする。 (b) 各部門が定期的に取締役会や経営会議に報告している戦略実現のためのアクションプランの進捗状況を受領して，リスク対応策の実施状況を把握する。 (c) 財務部門などの業績管理部門が行っている各部門の目標対実績管理や業績評価に関する資料を受領して，リスク対応策の実施状況やその評価結果を把握する　など。	

第6章 リスク情報の伝達 ──実施事項⑤

Summary

　重要リスクが顕在化した場合には，迅速に上位者に第一報が報告され，事案の重大性に応じて，迅速にリスク管理部門などリスク対応に関係する主要な本社スタッフ部門，および経営者に報告されることが，リスクに適切に対応するために大変重要である。すなわち，対応のための経営資源の投入や対外公表の要否の判断など取るべき対応を，経営者の総合的な判断に基づき，組織全体として迅速かつ的確に行うために，顕在化した重要リスクの迅速な伝達は大変重要である。
　しかしながら，我が国の全社的リスクマネジメントで脆弱性が多く見られるのが，このリスク情報の伝達である。本章では，リスク情報の迅速な伝達に必要な事項，およびリスク情報の迅速な伝達に当たって留意すべき事項について説明する。

Keywords

円滑なコミュニケーション，エスカレーションルール，迅速な報告，詳細な報告要請・更問い，個人の心理，環境変化，本社スタッフ部門

1．リスク情報の迅速な伝達に必要な事項

◎①　上位者と部下との円滑なコミュニケーション

　上位者が部下とフランクに話せる関係を作り，部下と円滑なコミュニケーションが取れていることが，部下から上位者への迅速，確実なリスク情報の伝達の第一歩である。

　そのために上位者が取るべき行動は，前述の「第2章4.(3)①上位者と部下

とのコミュニケーション不足」および「第4章1.(1)管理者が部下とのコミュニケーションの機会を作る行動の例」に記載したとおりである。

◎② 報告しやすい雰囲気
　日頃から，**部下からの報告にはきちんと耳を傾けるなど，気付いたリスクを報告しやすい雰囲気作りに留意する**ことが必要である。特に，嫌な報告を受けた時には，努めてにこやかな表情で報告を受けることが大切である。自分が嫌だと思うことでも部下が報告してきた時には，「よく報告してくれた」とニコニコして報告を受けることが，迅速なリスク情報の報告を徹底するために大切である。

◎③ 報告に対する経営者の明確な意思表示
　重要リスクが顕在化した場合の第一報の迅速な報告を徹底するためには，**経営者がリスク情報の迅速な伝達は経営上の重要事項であり，報告の漏れや遅延は許されないことを，自らの行動，姿勢，指示で継続的に示し，明確に意思表示する**ことが大変重要である。
　リスク情報の迅速な報告を要請する経営者の強い意思が示されていない場合には，次に説明する報告規則を策定しても，経営者やしかるべき階層の経営幹部へのリスク情報の報告を徹底することは難しい。

◎④ 報告規則の策定と徹底
　重要リスクが顕在化した場合の報告の原則，報告経路，および報告対象となるリスクなどを示した**「エスカレーションルール」などのリスク情報の報告規則を策定する**ことが必要である。そして，経営者がその遵守を強く求めると共に，教育・研修等で徹底することが必要である。報告の原則の具体的な内容は，次の「2．報告の原則」の通りである。

⑤ 連絡体制の整備と徹底

重大リスクが顕在化した場合に，関係部門，しかるべき階層の経営幹部，および経営者へ迅速，確実に報告され，その指示に従った対応が行える**連絡体制が，夜間・休日も含めて整備され，周知・徹底されている**ことが必要である。

◎⑥ 上位組織への報告ルールの策定と徹底

本社統括部門など上位組織は，より広く，高い視点でリスクの重要性を評価し，必要な対応を実施できるため，上位組織にリスク情報が迅速，確実に報告されることは，組織としてリスクに適切に対応するために重要である。

そのため，各部門は，リスクが顕在化した場合にリスクの特性に応じて，**下部組織から上位組織へ報告すべき事項と報告の方法・経路を定めた報告ルール**を策定し，徹底することが必要である。また，特に重要なリスクについては，顕在化する蓋然性があることを把握した段階で報告すべきことを定めることが必要である。

なお，事例としては「第5章2.(2)③小さなリスクが多数顕在化している場合」を参照のこと。

2．報告の原則

(1) 部　　下

◎① 第一報の段階では分かっていることだけを迅速に報告する

顕在化したリスク事案の上位者への報告は，十分な調査を行い，説明できるだけの十分な証拠の入手など詳細な事実関係の調査，原因の究明，および対応策の策定できた段階で行われることが多い。しかし，重大事案となる可能性がある事象が発生した時など緊急を要する場合には，詳細な事実関係の調査などを行った後に報告したのでは，第一報が遅れ，上位者による判断や対応が遅く

なる。

 そのため，**第一報の段階では，分かっていることだけを迅速に報告すること**とし，詳細な事実関係の調査，原因の究明，および対応策の策定は省略可能とするなど報告の十分性や完全性を求めないことが必要である。

◎② 内容の正確性は問わず，後に訂正すればよい

 重大事案となる可能性がある事象が発生した場合，正確な報告をしようと，内容の確認が取れるまで待っていると，第一報が遅れる。

 そのため，**第一報の報告内容は，必ずしも正確でなくてもよく，その後訂正すればよい**とすることが必要である。

◎③ 迅速さを優先し職制ルート以外でも報告してよい

 直属の上位者が不在の場合に，第一報は直属の上位者に報告しなければならないと考えて，連絡が取れるまで待っていると，第一報が遅れる。

 そのため，第一報は，職制ルート以外の連絡が取れる他の職場の上位者，例えば自分のグループのマネージャーが不在の場合には，同じ部の他のマネージャーに報告することが必要である。

◎④ 報告不要と明確に判断できない場合は全て報告する

 事案の重要性や報告の必要性を判断できないため，報告すべき事案であるか判断に迷い，第一報が漏れたり，遅れたりする場合がある。

 そのため，**報告すべきか迷った場合や報告不要と明確に判断できない場合は，原則として，全て上位者に報告する**ことが必要である。部下が判断できないことを判断するのは上位者の役割である。

(2) 上位者

◎① 情報の間違いを責めず，迅速さを優先する

　部下が顕在化した重要リスクを把握し，緊急を要すると判断して，十分な確認を行う前に第一報を伝えたが，その後内容の一部に誤りがあることが分かる場合がある。その場合，上位者が報告の誤りを責めると，部下は報告は正確に行わなければならないと考えて，それ以降，事案の内容を正確に確認できるまで報告を控えるようになり，第一報が遅れる原因となる。

　そのため，**十分な確認よりも第一報の迅速な伝達を優先したが，報告内容の一部に誤りがあった場合には，上位者は責めない**よう配慮することが必要である。

◎② 詳細な報告の要請や必要以上の質問・更問いを控える

　第一報を受けた時に，上位者が部下に事実関係，原因，対応策について詳細な報告を求めたり，必要以上の質問や更問いをした場合には，部下は詳細な報告や回答を行う準備が終わった後に報告するようになり，第一報が遅くなる。第一報の段階でのこのような要請や質問は，迅速な報告にマイナスの影響を及ぼすことが多いので留意する必要がある。

　そのため，**第一報の段階では上位者は，詳細な報告の要請や必要以上の質問・更問いを控える**ように配慮することが必要である。

3．個人の心理面に関する留意事項

　顕在化したリスク情報の迅速，確実な伝達は，リスクマネジメントの"一丁目一番地"だが，残念ながら不十分な場合がある。以下では，リスク情報の迅速な伝達に当たって留意すべき事項を，想定される事例とそれへの対応を対比させながら説明する。なお，以下は全て新聞，ネット，および書籍などの公開

情報を基に想定した架空の事例である。

◎(1) 重要性を判断できた段階で報告しようとする

［想定事例］
　重大事案となる可能性がある事象を覚知した時に，上位者への報告は，重要性を判断できた段階で行うべきと考え，重要性を判断できるまで調査を続けることが考えられる。例えば，法的責任や契約上の義務があることを確認できるまで，重要性があると判断できないと考えて，報告を控えることが考えられる。
　また，例えば，顕在化したリスクが，㋐単発的な事象であり，日常業務の中で個別に発生の都度，対応すればよい事象であるのか，それとも，㋑構造的で反復性がある事象であり，組織的な対応を必要とする事象であるのかを判断する必要があると考える場合がある。その場合には，重要性を判断するために，件数や金額といった事案の"規模"を確認することが必要と考え，件数や金額が一定数（注）以上あることを確認できた段階で報告しようとすることが考えられる。
　（注）　例えば，数件，十数件，100件単位のオーダーなど。

［対　応］
　重要性の判断に時間を要する場合には，重要性を判断できない段階であっても，第一報を入れ，上位者もそれを受け入れることが必要である。例えば，「重要性の判断に時間を要しているため，とりあえずお耳に入れておきます」と説明したり，もしくは「怪しいので調査中であり，詳細は調査結果が出た段階で報告します」と説明し，上位者もそれを了解することが必要である。
　また，例えば，システムに起因する可能性がある事象など，重要事案となる可能性がある場合には，原因が判明せず，またその重要性を判断できない段階であっても，それを認識した段階で，上位者に第一報を入れることが必要である。

(2) 問題を解決した後に報告しようとする

[想定事例]

顕在化したリスクを把握しても，例えば以下のような個人の心理によって，問題を解決した後に報告しようとする場合が考えられる。

《問題を解決した後に報告しようとする心理の例》
(a) 自分の責任を問われる可能性がある場合，解決した後に報告すれば，上位者の心証が良くなり，また，問題を重大とは認識せず責任を問われないと考え，対応して解決した後まで報告したくないと考える。いわば「終わらせてから報告する文化」が存在する場合である。
(b) 問題があることを報告すると，調査を速やかに行うよう指示され，時間的余裕がなくなること，つまりその後の自由度が少なくなることを懸念して，問題が解決した後に報告しようと考える。
(c) 報告せざるを得ない状況になるまで報告したくないと思い，時間が経てば問題が解決，もしくは小さくなると楽観的に考え，その時点まで報告を控える。いわば，「ギリギリまで報告したくない心理」である。

[対 応]

「本章1．①上位者と部下との円滑なコミュニケーション」で述べたとおり，部下とフランクに話せる関係を作り，円滑なコミュニケーションを取れることがリスク情報の迅速，確実な伝達が行われるための第一歩である。

そのために上位者が取るべき行動は，前述の「第2章4．(3)①上位者と部下とのコミュニケーション不足」および「第4章1．(1)管理者が部下とのコミュニケーションの機会を作る行動の例」のとおりである。

「第一報の段階では分かっていることだけを速やかに報告する」というリスク情報の報告規則の徹底を指示することはもちろん必要である。しかし，**リスク情報の迅速，確実な報告を徹底するためには，指示だけでなく，このような部下とのフランクな関係を作り，円滑なコミュニケーションが取れる環境を作**

ることが大変重要である。

◎(3) 問題解決を報告よりも優先する

[想定事例]
　職務に対する責任感が強い場合，発生したリスク事案を自分の手で解決したいという気持ちが強くなり，報告よりも問題解決を優先することが考えられる。また，権限移譲された業務は，自主的に，主体性を持って対応したいという気持ちが強い場合にも，報告よりも問題解決を優先することが考えられる。
[対　応]
　職務に対する責任感と迅速なリスク情報の伝達との両立を徹底することが必要である。つまり，リスクに対して自分で責任を持って対応するという業務に対する責任感を前提としつつ，それによって迅速な情報伝達が妨げられることがないように徹底することが必要である。

◎(4) 報告基準が曖昧な場合に都合よく解釈する

[想定事例]
　自分が担当する業務でリスクが顕在化した場合に，管理責任を問われる立場にある者は，ともすれば責任を問われる事象は起きて欲しくない，もしくは起きたと考えたくないと思う場合がある。そのため，報告基準が曖昧な場合には，自分に都合よく解釈し，「大した問題ではないだろう」と思い込み，迅速に報告しないことが考えられる[1]。
[対　応]
　リスクが顕在化した場合に管理責任を問われる者がある場合には，**報告基準は裁量的な判断が入らないように明確，具体的に定める**ことが必要である。

(5) 状況判断を要する場合に都合よく解釈する

[想定事例]
　顕在化したリスク事案を発見し，上位者や上位組織に報告すべき事案か判断する際に，自分に都合よく狭く解釈して，「大した問題ではないだろう」と思い込み，本来報告すべき事案を報告しないことが考えられる。これは，「この程度ならコンプライアンス違反にはならないだろう」と自分に都合よく考えて，コンプライアンス違反を犯すことと似た心理である。

[対　応]
　どのような場合に報告すべきかは，個々の状況から判断する以外にない。この状況判断能力を高めるためには，リスクへの感度を磨くことが必要である。そのためには，リスクへの感度を磨くことに力点を置いた研修が必要である。なお，研修については，「第9章2．リスクへの感度を磨くための研修」を参照のこと。

◎(6)　"動かぬ証拠"が得られた段階で報告しようとする

[想定事例]
　重大なリスク事案の兆候に気付いた場合でも，自分の勘違いかもしれないと思い込み，また間違えていたら周囲に迷惑をかけることを心配して，明確な証拠，つまり"動かぬ証拠"が得られた段階で報告しようとすることが考えられる。しかし，重大なリスクは，"兆候"しか見えず，"動かぬ証拠"はなかなか得られない場合が多い。

[対　応]
　重大なリスク事案の兆候に気付いた場合には，明確な証拠が得られない段階でも報告できる組織風土を醸成するためには，例えば，以下の事項を行うことが必要と考えられる。なお，これらは，「第2章4．(1)①"見て見ぬふり"」で

説明した【"見て見ぬふり"をしない健全な組織文化の醸成に必要な事項の例】と同一内容である。

> 《明確な証拠が得られない段階でも報告できる組織風土を醸成するために必要な事項の例》
> (a) リスクマネジメントや内部統制ではカバーしきれない限界を補完し，"なすべきこと"と"なすべきでないこと"についてのギリギリの判断をする際の拠りどころとなる自己の職業に対する意識やプライド，倫理観など個々人の正しい"心のあり方"の涵養[2]。
> (b) 問題のある事象を目にした時には，声を出して伝えられる健全なコミュニケーションとそれを支える上位者と部下との信頼関係の醸成。なお，これは上記(a)と共に，不祥事など問題ある事象を防止するための共通の基盤となる事項である。
> (c) 上記(a)，(b)を涵養，醸成する教育・研修の実施。なお，教育・研修は，例えば，「原因は分からないが，何かおかしい，違和感がある」と感じた時に，㋐口に出して周囲に伝える，㋑それに対して周囲も耳を傾ける，そして，㋒そのような気持ちを上位者や内部通報部門に報告できる組織文化の醸成に資する内容とすることが必要である。

4．業務環境の変化に関する留意事項

◎(1) 業務環境の変化

[想定事例]
　例えば，以下のような近年の業務環境の変化により，日常でのコミュニケーションだけでは，上位者が部下の抱える問題点を把握することが難しくなっている場合がある。そのため，リスク情報の伝達が遅れることが考えられる。

《業務環境の変化に伴い部下の問題点の把握が難しくなっている例》
(a) 決裁や実績報告の電子化やメールを主体としたコミュニケーションの普及など**IT化に伴う業務の非面対化の進展**，および業務効率化に伴う**業務分担の個人化**などが進んでいること。そのため，上位者が部下の状況を把握することが難しくなり，業務上のコミュニケーションが取りにくい場合が増えていること。
(b) **ITなどの専門的な業務に従事する従業員の増加**に伴い，上位者と部下との関係が，いわば業務を「任せた」，「任された」の関係となりがちになり，部下の業務内容の把握が難しくなり，業務がブラックボックス化している場合があること　など。

[対　応]

これに対する一律的な対応方法を示すことは難しいが，業務環境の変化に対応したコミュニケーションの方法を，個々の業務の実態に即して取ることが必要である。

5．本社スタッフ部門の留意事項

例えば，以下の要因により，リスク管理部門や広報部門などリスク対応に関係する主要な本社スタッフ部門（以下「スタッフ部門」という）に対するライン部門など当該リスクの主管部門（以下「ライン部門」という）の期待が限定的となっている場合には，スタッフ部門へのリスク情報の伝達が遅れることがある。その場合には，組織全体としての最適なリスク対応に支障を来すことが考えられる。なお，以下は全て新聞，ネット，および書籍などの公開情報を基に想定した架空の事例である。

スタッフ部門へのリスク情報の伝達については，「第8章2.(4)①主要な本社スタッフ部門を交えた多様な視点での検討体制，②主要なスタッフ部門への迅速な情報伝達体制」を参照のこと。

◎(1) 原則論的な回答

[想定事例]

　ライン部門が，スタッフ部門にリスク事案について相談，報告しても，スタッフ部門が自部門の立場での原則論的な回答に終始し，実態を踏まえた現実的な回答がなされない場合が考えられる。この場合には，ライン部門のスタッフ部門に対する期待が限定的となり，リスク情報を必要最低限しか伝達しなくなる可能性がある。

　その結果，例えば，ライン部門が全容を解明して対応を検討した結果，対外公表が必要であり，広報部門に相談する必要があると判断した段階で，初めて同部門へ情報が伝達される事態が発生することも考えられる。このような状況は，ライン部門が対外公表が必要と判断するまで，広報部門にリスク情報が伝達されず，対外公表の要否の判断を事実上，ライン部門が行っていることになり，適宜な対外公表の阻害要因となりかねない。

[対　応]

　スタッフ部門は，ライン部門からの相談，報告に対して，自部門の立場に過度に捉われることなく，組織全体の立場で考えた現実を踏まえた回答，対応をすることが必要である。そして，ライン部門から組織全体の立場で考えた最適な判断をしていると受け取られ，ライン部門から信頼されていることが必要である。

◎(2) リスクを過度に低くする対応の要請

[想定事例]

　ライン部門が，スタッフ部門にリスク事案について相談，報告しても，スタッフ部門が自部門の立場を重視するあまり，過度にリスクが低くなる対応を要請するなど，リスクの取り方が安全側に過度に偏っている場合が考えられる。

この場合にも，上記(1)と同様に，ライン部門のスタッフ部門に対する期待が限定的となり，リスク情報を必要最低限しか伝達しなくなる可能性がある。

　例えば，主管部門が対外公表する必要性が乏しいと考える案件について，広報部門から公表するよう強く要請されて公表した場合には，ライン部門は不必要な時間と労力を消費させられたと不満を感じ，以降，広報部門への報告をためらう可能性がある。

［対　応］
　スタッフ部門は，ライン部門からの相談，報告に対して，自部門の立場に過度に捉われることなく，組織全体の立場に立ってリスクを評価し，リスクに見合った対応を要請することが必要である。

◎(3)　対応遅延への懸念

［想定事例］
　ライン部門は，一般に自分たちの手で早く問題を解決したいという責任感が強い。そのため，スタッフ部門に相談，報告して，様々な確認や要請を受け，いわば"あれこれ"言われると対応が遅くなることを懸念し，報告が遅れることが考えられる。

［対　応］
　第1に，経営者が重要なリスク情報が，スタッフ部門へ迅速に伝達されることを重視し，同部門への伝達を怠ることは許されないことを，自らの行動，姿勢，指示で継続的に示し，明確に意思表示していることが必要である。

　第2に，リスク情報の報告規則に，スタッフ部門へのリスク情報の迅速な伝達と所定の伝達経路が定められており，それらが組織全体に周知・徹底されていることが必要である。

(4) "敷居"が高いと感じる

[想定事例]
　ライン部門は，スタッフ部門にリスク情報を伝達することは，"組織として"事案を把握することになると受け止め，その事案が果たして，"組織として"把握すべき事案であるか吟味する必要があると受け止めることが考えられる。つまり，スタッフ部門への伝達は，いわば"敷居"が高く，"覚悟"が必要と考え，報告をためらう可能性がある。
[対　応]
　上記(3)と同じ。

◎(5)　意識面での抵抗感

[想定事例]
　事案への対応に直接関与しないスタッフ部門にリスク情報を伝達することに，主管部門が意識の面で抵抗感，すなわち，「共に汗をかかない者や泥を被らない者にはたやすく知らせたくない」という意識を持つ場合もあることが考えられる。
[対　応]
　上記(1)および(3)に加えて，**ライン部門から見て，スタッフ部門にリスク情報を伝達することにメリットがあると受け取られている**ことが必要である。例えば，報告を受けたスタッフ部門が，ライン部門に代わって関係部門の管理者層による対策会議を招集（特に初回）し，会議で適切な助言が得られることなどが考えられる。

注

(1) 山口利昭著『不正リスク管理・有事対応』(有斐閣　2014年9月)の119頁では，社内ルールが曖昧である場合の問題と必要な対応について説明しており，本書はそれを参考にして記載した。

(2) 山口利昭著『不正リスク管理・有事対応』(有斐閣　2014年9月)の176頁では，ガバナンスや内部統制の限界を補完する倫理観の役割について説明しており，本書はそれを参考にして記載した。

◀チェックリスト▶

■リスク情報の迅速な伝達に必要な事項 ☞ 1．(p.124)

No.	項　　目	評価
1	上位者と部下との円滑なコミュニケーション 　上位者は部下と円滑なコミュニケーションを取れるように，部下とフランクに話せる関係を作っていますか。	
2	報告しやすい雰囲気 　日頃から，部下からの報告にはきちんと耳を傾けるなど，気付いたリスクを報告しやすい雰囲気作りに留意していますか。特に，嫌な報告を受けた時には，努めてにこやかな表情で報告を受けるようにしていますか。	
3	報告に対する経営者の明確な意思表示 　経営者は，リスク情報の迅速な報告は経営上の重要事項であり，報告の漏れや遅延は許されないことを，自らの行動，姿勢，指示で継続的に示し，明確に意思表示していますか。	
4	報告規則の策定と徹底 　重要リスクが顕在化した場合の報告の原則，報告経路，および報告対象となるリスクなどを示した「エスカレーションルール」などのリスク情報の報告規則を策定していますか。そして，経営者がその遵守を強く求めると共に，教育・研修等で徹底していますか。	
5	連絡体制の整備と徹底 　重大リスクが顕在化した場合に，関係部門，しかるべき階層の経営幹部，および経営者へ迅速，確実に報告され，その指示に従った対応が行える連絡体制が，夜間・休日も含めて整備され，周知・徹底されていますか。	

No.	項目	評価
6	上位組織への報告ルールの策定と徹底 　各部門は，リスクか顕在化した場合にリスクの特性に応じて，下部組織から上位組織へ報告すべき事項と報告の方法・経路を定めた報告ルールを策定し，徹底していますか。また，特に重要なリスクについては，顕在化する蓋然性があることを把握した段階で，報告すべきことを定めていますか。	

■報告の原則 ☞ 2．(p.126)

⑴　部　　下

No.	項目	評価
1	第一報の段階では分かっていることだけを迅速に報告する 　重大事案となる可能性がある事象が発生した場合，第一報の段階では，分かっていることだけを迅速に報告することとし，詳細な事実関係の調査，原因の究明，および対応策の策定は省略可能とするなど報告の十分性や完全性を求めないこととしていますか。	
2	内容の正確性は問わず，後に訂正すればよい 　重大事案となる可能性がある事象が発生した場合，第一報の報告内容は，必ずしも正確でなくてもよく，その後訂正すればよいこととしていますか。	
3	迅速さを優先し職制ルート以外でも報告してよい 　直属の上位者が不在の場合には，第一報は，職制ルート以外の連絡が取れる他の職場の上位者，例えば自分のグループのマネージャーが不在の場合には，同じ部の他のマネージャーに報告することとしていますか。	
4	報告不要と明確に判断できない場合は全て報告する 　事案の重要性や報告の必要性を判断できず報告すべきか迷った場合，もしくは，報告不要と明確に判断できない場合は，原則として，全て上位者に報告することとしていますか。	

(2) 上位者

No.	項目	評価
1	**情報の間違いを責めず，迅速さを優先する** 　十分な確認よりも迅速な報告を優先したが，報告内容の一部に誤りがあった場合には，上位者は報告の誤りを責めないよう配慮していますか。	
2	**詳細な報告の要請や必要以上の質問・更問いを控える** 　第一報の段階では，上位者は，事実関係，原因，対応策について詳細な報告の要請や，必要以上の質問・更問いを控えるように配慮していますか。	

■個人の心理面に関する留意事項 ☞ 3.(p.128)

No.	項目	評価
1	**重要性を判断できない段階でも第一報を報告する**　（「重要性を判断できた段階で報告しようとする」を参照） 　重大事案となる可能性がある事象を覚知したが，報告に値する重要性があるかの判断に時間を要する場合には，重要性を判断できない段階であっても，上位者へ第一報を入れ，上位者もそれを受け入れていますか。	
2	**職務に対する責任感と迅速なリスク情報伝達との両立**　（「問題解決を報告よりも優先する」を参照） 　リスクが顕在化した時に，職務に対する責任感が強いあまり，上位者への報告よりも問題解決を優先することがないよう，管理者は職務に対する責任感と迅速なリスク情報の伝達を両立するように部下を指導していますか。	
3	**明確・具体的な報告基準の設定**　（「報告基準が曖昧な場合に都合よく解釈する」を参照） 　リスクが顕在化した場合に管理責任を問われる者がある場合に	

	は，報告基準は裁量的な判断が入らないように明確，具体的に定めていますか．
4	**明確な証拠が得られない段階でも報告する** （「"動かぬ証拠"が得られた段階で報告しようとする」を参照） 　重大なリスク事案の兆候に気付いた場合には，明確な証拠が得られない段階でも報告できる組織風土を醸成するために，例えば，以下の事項を行っていますか． 　(a)　リスクマネジメントや内部統制ではカバーしきれない限界を補完し，"なすべきこと"と"なすべきでないこと"についてのギリギリの判断をする際の拠りどころとなる自己の職業に対する意識やプライド，倫理観など個々人の正しい"心のあり方"の涵養． 　(b)　問題ある事象を目にした時には，声を出して伝えられる健全なコミュニケーションとそれを支える上位者と部下との信頼関係の醸成． 　(c)　上記(a), (b)を涵養，醸成する教育・研修の実施 　　注：「第2章4.(1)①　"見て見ぬふり"」と同一内容	

■**業務環境の変化に関する留意事項** ☞ 4.(p.133)

No.	項　　目	評価
1	**業務環境の変化に対応したコミュニケーション** （「業務環境の変化」を参照） 　例えば，㋐IT化に伴う業務の非面対化の進展，㋑業務効率化に伴う業務分担の個人化の進展，もしくは，㋒ITなどの専門的な業務に従事する従業員の増加などの業務環境の変化に対応したコミュニケーションの方法を，業務の実態に即して取っていますか．	

第6章　リスク情報の伝達　　143

■本社スタッフ部門の留意事項　☞5.(p.134)

No.	項目	評価
1	組織全体の立場で考えた回答　（「原則論的な回答」を参照） 　リスク管理部門や広報部門などリスク対応に関係する主要な本社スタッフ部門（以下「スタッフ部門」という）は，ライン部門など当該リスクの主管部門（以下「ライン部門」という）からの相談，報告に対して，自部門の立場に過度に捉われた原則論的な回答，対応を避け，組織全体の立場で考えた現実を踏まえた回答，対応をしていますか。 　そして，ライン部門から組織全体の立場で考えた最適な判断をしていると受け取られ，ライン部門から信頼されていますか。	
2	リスクに見合った対応の要請　（「リスクを過度に低くする対応の要請」を参照） 　スタッフ部門は，ライン部門からの相談，報告に対して，自部門の立場に過度に捉われ，過度にリスクが低くなる対応を要請することを避け，組織全体の立場に立ってリスクを評価し，リスクに見合った対応を要請していますか。	
3	リスク情報の迅速な伝達を重視する経営者の明確な意思表示　（「対応遅延への懸念」を参照） 　経営者は，重要なリスク情報が，スタッフ部門へ迅速に伝達されることを重視し，同部門への伝達を怠ることは許されないことを，自らの行動，姿勢，指示で継続的に示し，明確に意思表示していますか。 　また，リスク情報の報告規則に，スタッフ部門へのリスク情報の伝達と所定の伝達経路が定められており，それらが組織全体に周知・徹底されていますか。	
4	スタッフ門への伝達にメリットを感じられること　（「意識面での抵抗感」を参照） 　ライン部門から見て，スタッフ部門にリスク情報を伝達すること	

にメリットがあると受け取られていますか。例えば，ライン部門からリスク情報を伝達された時に，スタッフ部門がライン部門に代わって，関係部門の管理者層による対策会議を招集（特に初回）し，会議で適切な助言が得られるようにしていますか。

第7章

統制活動 ——実施事項⑥

Summary

本章では，組織を適切に統制するための活動である統制活動で留意すべき事項として，組織として適切な統制を行うために必要な事項と，子会社・協力企業の管理に必要な事項の2点について説明する。

なお，統制活動は，その性格上，業種や個々の組織の特性により多岐にわたるため，本章で説明した事項はあくまでも一例であり，他にも多々あることを前提としてお読みいただきたい。また，実務で使用する際には，業種や組織の特性に応じて取捨選択していただきたい。

Keywords

経営者・上位者，本社部門，現場，マニュアル，子会社・協力企業，委託業務

1．組織として適切な統制を行うために必要な事項

(1) 経営者・上位者による統制の例

◎① 経営と現場の乖離への対応

　経営者の考えやそれを踏まえた経営施策が，現場第一線に十分に伝わらず，経営者の認識と現場第一線の実際の行動や考え方との間に乖離が生じている場合がある。経営者が乖離に気付いていない場合には，経営者が現場で行われて

いると考えていた事項が実際には行われておらず，リスクマネジメント上の不備が是正されない状況が継続していることがある。

　そのため，現場で重大リスクが顕在化した時には，必要に応じて**経営者は，経営施策と現場第一線の行動や考え方との間に乖離がないか，現場を統括する本社部門に調査，報告を求め，必要な対応を行うこと**が必要である。

◎② 　上位者による是正措置の監督

　重大なリスクマネジメント上の不備の是正措置や再発防止策の策定・実施を，それらを講じる権限を有する者だけに委ねている場合，是正措置等が適切に策定されない，もしくは策定されても時間の経過と共に実施が不徹底となることがある。

　そのため，是正措置等を策定した場合には，**是正措置等を講じる権限を有する者（例えば部長）よりも一段階上位の者（例えば常務）に，策定した是正措置等を報告し，一段階上位の者が是正措置等の策定，実施を監督する体制とする**ことが必要である。

◎③ 　権限委譲に伴う報告義務

　権限委譲を受けた者は，権限者に報告義務を果たすことが適切な統制を維持するために必要である。

　そのため，リスク事案への対応の権限を有する者が，対応を下位者に権限委譲した場合には，権限を委譲された下位者は，**権限者に対応結果，もしくは対応の途中経過を報告すること**が必要である。

◎④ 　段階的な組織変革

　大規模組織の場合には，例えば，業務モデルや組織構造の変革など組織の変革を必要とするリスクへの対応を急に行うと，組織に混乱を招くことがある。大型タンカーが急旋回できないのと同様に，大規模組織は急な組織変革は難しい場合がある。しかし，取組みが遅れると，リスクへの対応が間に合わなくな

る。

　そのため，対応に組織の変革を必要とするリスクを把握した場合には，**対応を早い時期からある程度の時間をかけて段階的に進めていくことが現実的である**。そのためには，事業環境の変化に伴い新たに発生するリスクを早い段階で把握し，必要な対応を早い段階で判断できる"先見性"が必要である。

(2) 本社レベルでの統制の例

◎① 明確で客観的な数値やデータの報告・収集基準

　例えば，以下のような経営判断や公的な認定の根拠となる重要な数値やデータの報告・収集基準が，明確，客観的でない場合には，関係者の主観や恣意性が入る余地が生じる。その結果，関係者が不適切なデータの算出や数値の算定を行う場合がある。

　そのため，そのような**重要な数値やデータの報告・収集基準は，主観や恣意性が入らない明確で客観的なものとする**ことが必要である。

〈重要な数値やデータの報告・収集基準の例〉
(a) 重要な営業実績の報告基準
(b) 製品の安全性，法令適合性，品質等を示す指標を算出する元データの収集基準　など

◎② 他部門が担う牽制機能の確認

　例えば，一定額以上の支出に際しては，当該部門の決裁権限者の他に，経理部門の承認を要するなど，他部門が職務分離などの形で牽制機能を担っている場合がある。しかし，牽制機能を担っている部門が，例えば月1回まとめて形式的に事後承認することが常態化しているなど，牽制機能が形骸化している場合がある。

　そのため，**牽制機能を担っている部門が必要な機能を果たしていることを，**

内部統制部門や内部監査部門などの第三者が確認することが必要である。

◎③　シンプルで適切な分量のルール・規則

　ルールや規則は，複雑な場合や，必要以上に分量が多い場合には，組織内で理解されにくくなり，また遵守の徹底も難しくなる。そのような状況は，統制の弱体化をもたらす要因となる。

　そのため，**ルールや規則は，理解しやすいように内容をシンプルにして，分量を必要以上に多くしない**ことが必要である。そして，遵守を徹底し，定期的に遵守状況を確認することが必要である。ルールや規則はシンプルにして，遵守を徹底することが，統制を有効にするために必要である。

◎④　ルール・基準の明確化と徹底

　業務のルールや基準が不明確であったり，徹底していない場合，個人の裁量や現場での独自運用が必要以上に拡大し，業務として行うべき事項が確実に実施されず，業務品質が低下することがある。また，通常行う事項についてはルールや基準が明確に定められ，徹底されている場合でも，例外事項に対応するためのルールや基準が不明確な場合には同様に，個人の裁量や現場での独自運用が必要以上に拡大することがある。

　そのため，**業務のルールや基準が例外事項への対応も含めて，明確に定められ，関係者に徹底されている**ことが必要である。

◎⑤　本社関係部門の十分な事前調整

　例えば，安全，コンプライアンス，環境，販売など複数の本社部門が所管する事項を含む政策や業務を現場に指示する場合，本社関係部門の調整が不十分なまま，整合性に欠ける指示が現場に出されると，現場で齟齬が生じ，無用な混乱を招来する。

　そのため，そのような政策や業務を現場に指示する場合には，事前に本社内で関係部門が必要な調整を行うことが必要である。

(3) 現場での統制の例

◎① 定型的事務業務の複数分担

定型的な事務業務を効率化するために，業務の単独化を進め，特定の業務を行える従業員が一人だけになる場合がある。しかし，定型的な事務業務を特定個人に固定すると，例えば，以下のような問題が生じやすい。

そのため，少人数職場を除き，**定型的な事務業務は特定個人に固定せず，複数の従業員が行えるように，管理者が業務を分担する**ことが必要である。

《定型的な事務業務を特定個人に固定した場合の問題の例》
(a) 業務の繁閑への対応や，担当者の病欠・退職等による急な欠員への対応が難しくなる。
(b) マンネリ化により改善の機会が減少する（同じ業務処理方法の長期継続や固定化）。
(c) 業務の属人化やブラックボックス化による不正や不適切な事務処理を行うリスクが高まる。
(d) 従業員が複数の業務を経験する機会が減り，職場全体のスキルが向上しない（人材育成の停滞） など。

◎② 現場業務のマニュアル違反の防止

マニュアルに基づいて行う現場業務では，マンネリ化により，マニュアルで規定された業務処理の手順を守る意識が低下し，"悪気"なく，マニュアル違反を犯すケースが発生する場合がある。

そのため，以下のようなマニュアル遵守を徹底するための取組みを行うことが必要である。

《現場業務でマニュアル遵守を徹底するために行う取組みの例》
(a) 管理者が部下にマニュアルを守る目的や意義を説明し，なぜマニュアルを

守らなければならないのかを腹落ちさせた上で，日々の業務管理の中で継続的にマニュアル遵守の注意喚起を行うこと。
(b) 管理者が毎日もしくは定期的に，部下一人ひとりと以下の観点からコミュニケーションを取ること。㋐マニュアに即した適切な業務が行われているか，㋑業務を行う中で困ったことや悩んでいることはないか，㋒業務の件数や内容など成果はどうだったか。
(c) 例えば月に1度，四半期に1度など定期的に，業務内容ごとの件数などのデータを抽出して，合理的でない，不自然な業務を伺わせる数値がないかを確認すること。そして，その結果を一段階上位の者（マネージャーなら部長）へ報告すること　など。

◎③　横串機能の設置

各職場の役割が明確な縦割り型の組織の場合には，問題があってもどの職場も自分の担当と考えず，いわば"三遊間"を抜かれて損失を被る事態が発生することがある。

そのため，**各職場間を調整する横串機能を持つ管理者もしくは職場を定めておく**ことが必要である。

◎④　現場実態の直接確認

現場拠点が広い地域に分散しているため，本社統括部門など現場を管理する部門が現場の実績把握や現場への業務指示を，システムを通して行っている場合がある。その場合，現場業務の管理をシステムのみに依存し現場に出向かない状態が続くと，現場とのコミュニケーションが希薄になり，現場の実情や問題点を十分に把握できず，問題が発生しても対応が遅れ，損失が拡大することがある。

そのため，このような場合には，現場を管理する部門は，**定期的に現場に出向き，現場管理者とコミュニケーションを取りながら，現場の実情や問題点を把握する**ことが必要である。

(4) その他

◎① **重要マニュアルの定期的な見直し**

　重要なマニュアルの見直しが長期間行われていない場合には，内容が業務実態と乖離して，マニュアルが形骸化し，正しい業務が行われなくなっていることがある。また，マニュアルの変更内容を長期にわたり通知等により補い，変更箇所が多数ある場合には，いわば"継ぎはぎ"状態のマニュアルとなり，包括性が損なわれる。その結果，遵守すべき事項が徹底しない，もしくは担当者により解釈が異なる場合が生じることがある。

　そのため，**重要なマニュアルは，定期的に例えば，少なくとも３年に一度は，業務実態と乖離がないか確認し，必要な見直しを行う**ことが必要である。また，マニュアルが通知等で一定以上変更された場合には，適宜にそれまでの変更内容を反映した改訂版を発行することが必要である。

2．子会社・協力企業の管理に必要な事項

(1) 行動基準に関する事項の例

◎① **子会社や協力企業を含む組織集団全体での行動基準の周知・徹底**

　子会社や協力企業に重要業務を委託している場合には，業務品質や業務に伴う活動に対して，組織は親会社や発注元としての責任がある。

　そのため，**行動基準を子会社や主要な協力企業に配布，説明し，組織集団全体として周知・徹底する**ことが必要である。その徹底を図るために，取引基本契約やサービス品質保証基準（SLA＝Service Level Agreement）に，行動基準もしくはその精神を遵守すべき旨の条項や監査権限条項を織り込むことが必要である。

◎② 行動基準の遵守状況の確認・報告体制

重要業務を委託している子会社や協力企業，および本体から地理的・精神的に遠い非主流部門では，社内の管理体制が本体ほど充実していない場合がある。その結果，行動基準が本体では十分遵守されていても，子会社等では遵守が不十分で，重大な行動基準違反が発生する可能性がある。

そのため，**子会社等での行動基準の遵守状況を定期的に確認し，結果をしかるべき階層の経営者に報告する**ことが必要である。

(2) 委託業務に関する事項の例

◎① 協力企業とのコミュニケーションの充実

重要な現場業務を協力企業に委託しているが，協力企業とのコミュニケーションが不十分で，相互の理解と信頼関係が醸成されていない場合には，協力企業が現場で発生している問題や現場の実情を率直に報告，相談できないことがある。その結果，発注元としての問題点や現場の実情の把握が不十分となり，必要な対応が遅れる場合がある。

協力企業とのコミュニケーションを充実するためには，例えば以下の事項を行うことが考えられる。

《協力企業とのコミュニケーションを充実するための事項の例》
(a) 協力企業からの相談や質問に対しては，㋐まずは傾聴し，㋑たとえ小さなことでも相談に乗り，㋒必要な場合には組織内を調整するなど，**相談のハードルを極力低くすること。**
(b) 協力企業を所管する部門の**上級幹部が定期的に，協力企業に出向き，意見交換を行うこと** など。

◎② 協力企業が情報伝達に躊躇しない配慮

協力企業は，発注元にリスク情報を伝達すると，過度な調査・報告を求められたり，過度な指導・注意を受けることを懸念し，報告を躊躇する場合がある。

そのため，協力企業からリスク情報を伝達された時には，このような**協力企業が抱く懸念を理解して，過度な調査・報告の要請や過度な指導・注意を控えるなど，情報伝達に躊躇しないように配慮する**ことが必要である。また，上記①で述べたように，協力企業とのコミュニケーションを充実することが必要である。

◎③　委託した現場業務の現状把握

現場業務を協力企業に委託している場合，現場担当者がデスクワーク中心となって，現場に行くことが少なくなり，現場業務の管理を協力企業に過度に依存していることがある。その結果，現場の現状や現場で起きている問題の把握が不十分となり，発注元としてなすべき業務品質の確認が十分に行えていない場合がある。

そのため，**現場担当者が，定期的に現場に出向き，発注元として必要な確認を行い，上位組織がその実施状況を把握できる体制とする**ことが必要である。

◎④　現場を直接確認していない委託業務の品質・スペックの確認

現場業務を協力企業に委託しているが，現場を直接確認せず，受領した報告書だけで検収している場合には，必要な品質水準や作業スペックを満たしていない状態が長期間見過ごされていることがある。

そのため，**品質水準や作業スペックの信憑性を，例えば，抜き打ちでの現場確認やサンプル抽出した現場の詳細調査などにより，定期的に確認する**ことが必要である。

◎⑤　協力企業でのマニュアル遵守状況の確認

協力企業に対してマニュアルの遵守状況を長期間確認していない場合，マニュアルの運用が形骸化し，マニュアル違反が常態化している場合がある。

そのため，重要業務を委託している**協力企業でのマニュアルの遵守状況，特に重大な安全やコンプライアンス上の問題となるマニュアル違反が行われてい**

ないことを，発注元として定期的に確認することが必要である。

(3) 子会社管理の例

◎① 経営資源の不足に配慮したリスク対応の指導

　子会社は，リスク対応に向けられる人員や予算などの経営資源が限られており，十分なリスク対応が行えないため，大きな損失を被ることが想定されるリスクがあっても，最低限必要な対応がなされていない場合がある。

　そのため，子会社のリスク対応に不備がある場合には，**本来取るべき対応策（いわば100点満点の対応策）と，現時点で実施可能な最低限の対応策（いわば60点の対応策）の両方を示したうえで，大きな損失を回避することを優先して，当面は後者を実施するように指導する**ことが必要である。これは，リスクに対して，少なくとも最低限の"身の丈"に合った対応策だけは行い，"大やけど"だけは負わないようにするということである[1]。

◎② 規模が僅少な子会社での重要業務の定期的な確認

　規模が僅少な子会社，特に海外子会社の経理や購買など金銭に関わる業務や決算など業績評価に関わる業務を，現地スタッフや現地の外注先に全面的に委ねている場合には，業務がブラックボックス化し，不適切な業務が継続していることがある。

　そのため，このような業務については，**当該子会社を所管する部門がこれら業務の遂行状況を定期的に確認する**ことが必要である。つまり，親会社が子会社の重要業務に対するリスク管理体制を確認し，子会社のリスクマネジメントに親会社としてガバナンスを効かせることが必要である。

注
(1) 山口利昭著『不正リスク管理・有事対応』（有斐閣　2014年9月）の11頁，

161頁では，子会社のリスク管理体制の不備に対して，実施可能な対応を指導する必要性について説明しており，本書はそれを参考にして記載した。

◀チェックリスト▶

■組織として適切な統制を行うために必要な事項 ☞1.（p.145）

(1) 経営者・上位者による統制の例

No.	項　　目	評価
1	経営と現場の乖離への対応 　現場で重大リスクが顕在化した時には，経営者は必要に応じて，経営者の考えや経営施策に対する現場第一線の実際の行動や考え方について，現場を統括する本社部門に調査，報告を求め，経営者の認識と現場第一線の行動や考え方との間に乖離がないか確認し，必要な対応をしていますか。	
2	上位者による是正措置の監督 　重大なリスクマネジメント上の不備の是正措置や再発防止策を策定した場合には，是正措置等を講じる権限を有する者（例えば部長）よりも一段階上位の者（例えば常務）に，策定した是正措置等を報告し，一段階上位の者が是正措置等の策定，実施を監督する体制としていますか。	
3	権限委譲に伴う報告義務 　リスク事案への対応の権限を有する者が，対応を下位者に権限委譲した場合には，権限を委譲された下位者は，権限者に対応結果，もしくは対応の途中経過を報告していますか。	
4	段階的な組織変革 　大規模組織の場合には，例えば，その対応に業務モデルや組織構造の変革など組織の変革を必要とするリスクを把握した時には，対応を早い時期からある程度の時間をかけて段階的に進めていますか。また，そのために，事業環境の変化に伴い新たに発生するリスクを早い段階で把握し，必要な対応を早い段階で判断していますか。	

(2) 本社レベルでの統制の例

No.	項　　目	評価
1	**明確で客観的な数値やデータの報告・収集基準** 　例えば以下のような，経営判断や公的な認定の根拠となる重要な数値やデータの報告・収集基準は，関係者の主観や恣意性が入らない明確で客観的なものとなっていますか。 　(a)　重要な営業実績の報告基準 　(b)　製品の安全性，法令適合性，品質等を示す指標を算出する元データの収集基準　など	
2	**他部門が担う牽制機能の確認** 　例えば，一定額以上の支出に際しては，当該部門の決裁権限者の他に，経理部門の承認を要するなど，他部門が職務分離などの形で牽制機能を担っている場合がある。その場合には，牽制機能を担っている部門が必要な機能を果たしていることを，内部統制部門や内部監査部門などの第三者が確認していますか。	
3	**シンプルで適切な分量のルール・規則** 　ルールや規則は，理解しやすいように，内容をシンプルにして，分量を必要以上に多くしないように作成していますか。そして，遵守を徹底し，定期的に遵守状況を確認していますか。	
4	**ルール・基準の明確化と徹底** 　業務のルールや基準は，個人の裁量や現場での独自運用が必要以上に拡大しないように，例外事項への対応も含めて，明確に定められ，関係者に徹底されていますか。	
5	**本社関係部門の十分な事前調整** 　例えば，安全，コンプライアンス，環境，販売など複数の本社部門が所管する事項を含む政策や業務を現場に指示する場合には，事前に本社内で関係部門が必要な調整を行い，整合性のある指示となるようにしていますか。	

(3) 現場での統制の例

No.	項　　　目	評価
1	**定型的事務業務の複数分担** 　少人数職場を除き，定型的な事務業務は特定個人に固定せず，複数の従業員が行えるように，管理者が業務を分担していますか。	
2	**現場業務のマニュアル違反の防止** 　マニュアルに基づいて行う現場業務では，マニュアル違反を未然に防止するために，例えば以下の事項を行っていますか。 　(a)　管理者が部下にマニュアルを守る目的や意義を説明し，なぜマニュアルを守らなければならないのかを腹落ちさせた上で，日々の業務管理の中で継続的にマニュアル遵守の注意喚起を行う。 　(b)　管理者が毎日もしくは定期的に，部下一人ひとりと以下の観点からコミュニケーションを取る。㋐マニュアに即した適切な業務が行われているか，㋑業務を行う中で困ったことや悩んでいることはないか，㋒業務の件数や内容など成果はどうだったか。 　(c)　例えば月に1度，四半期に1度など定期的に，業務内容ごとの件数などのデータを抽出して，合理的でない，不自然な業務を伺わせる数値がないかを確認する。そして，その結果を一段階上位の者（マネージャーなら部長）へ報告する　など。	
3	**横串機能の設置** 　各職場の役割が明確な縦割り型の組織の場合には，いわば"三遊間"を抜かれて損失を被る事態を防ぐために，各職場間を調整する横串機能を持つ管理者もしくは職場を定めていますか。	
4	**現場実態の直接確認** 　現場拠点が広い地域に点在しているため，本社統括部門など現場を管理する部門が，現場の実績把握や現場への業務指示を，システムを通して行っている場合がある。その場合には，現場を管理する部門は，定期的に現場に出向き，現場管理者とコミュニケーション	

を取りながら，現場の実情を確認していますか。

(4) その他

No.	項　　目	評価
1	重要マニュアルの定期的な見直し 　重要なマニュアルは，定期的に例えば，少なくとも3年に一度は，業務実態と乖離がないか確認し，必要な見直しを行っていますか。また，マニュアルを通知等で一定以上変更した場合には，適宜にそれまでの変更内容を反映した改訂版を発行していますか。	

■子会社・協力企業の管理に必要な事項 ☞ 2.(p.151)

(1) 行動基準に関する事項の例

No.	項　　目	評価
1	子会社や協力企業を含む組織集団全体での行動基準の周知・徹底 　子会社や協力企業に重要業務を委託している場合には，行動基準を子会社や主要な協力企業に配布，説明し，組織集団全体として周知・徹底していますか。 　また，その徹底を図るために，取引基本契約やサービス品質保証基準（SLA＝Service Level Agreement）に，行動基準もしくはその精神を遵守すべき旨の条項や監査権限条項を織り込んでいますか。	
2	行動基準の遵守状況の確認・報告体制 　重要業務を委託している子会社や協力企業，および本体から地理的・精神的に遠い非主流部門での行動基準の遵守状況を定期的に確認し，結果をしかるべき階層の経営者に報告していますか。	

(2) 委託業務に関する事項の例

No.	項　　目	評価
1	**協力企業とのコミュニケーションの充実** 　重要な現場業務を協力企業に委託している場合には，協力企業と相互の理解と信頼関係を醸成し，情報共有できる関係を構築していくために，例えば，以下のような方法により，コミュニケーションの充実を図っていますか。 　(a)　協力企業からの相談や質問に対しては，㋐まずは傾聴し，㋑たとえ小さなことでも相談に乗り，㋒必要な場合には組織内を調整するなど，相談のハードルを極力低くすること。 　(b)　協力企業を所管する部門の上級幹部が定期的に，協力企業に出向き，意見交換を行うこと。	
2	**協力企業が情報伝達に躊躇しない配慮** 　協力企業からリスク情報を伝達された時には，過度な調査・報告の要請や過度な指導・注意を控えるなど，協力企業が情報伝達に躊躇しないように配慮していますか。	
3	**委託した現場業務の現状把握** 　現場業務を協力企業に委託している場合には，現場担当者が，定期的に現場に出向き，発注元として必要な確認を行い，上位組織がその実施状況を把握できる体制としていますか。	
4	**現場を直接確認していない委託業務の品質・スペックの確認** 　現場業務を協力企業に委託しているが，現場を直接確認せず，受領した報告書だけで検収している場合には，品質水準や作業スペックの信憑性を，例えば，抜き打ちでの現場確認やサンプル抽出した現場の詳細調査などにより定期的に確認していますか。	
5	**協力企業でのマニュアル遵守状況の確認** 　重要業務を委託している協力企業でのマニュアルの遵守状況，特に重大な安全やコンプライアンス上の問題となるマニュアル違反が行われていないことを定期的に確認していますか。	

(3) 子会社管理の例

No.	項　　　　目	評価
1	**経営資源の不足に配慮したリスク対応の指導** 　子会社のリスク対応に不備がある場合には，経営資源の不足を配慮して，本来取るべき対応策（いわば100点満点の対応策）と，現時点で実施可能な最低限の対応策（いわば60点の対応策）の両方を示したうえで，大きな損失を回避することを優先して，当面は後者を実施するように依頼していますか。	
2	**規模が僅少な子会社での重要業務の定期的な確認** 　規模が僅少な子会社，特に海外子会社の経理や購買など金銭に関わる業務や決算など業績評価に関わる業務を，現地スタッフや現地の外注先に全面的に委ねている場合には，当該子会社を所管する部門がそれらの業務の遂行状況を定期的に確認していますか。	

第8章
危機管理 ──実施事項⑦

Summary

本章では全社的リスクマネジメントの一環として、危機管理体制を強化するために必要な事項を、リスク管理部門の役割を中心に説明する。なお、危機への対応については、大地震などの大規模自然災害等への対応と、それ以外の「当初は危機であることが明確でない事象」への対応とに区別して説明する。

Keywords

リスク管理部門の役割、当初は危機であることが明確でない事象、多様な視点での検討、危機管理規則、継続的改善、BCP、重要業務

1．危機管理におけるリスク管理部門の役割

◎(1) リスク管理部門の担当範囲

　有事の際に実効性ある危機管理体制を整備、運用するためには、リスク管理部門に有事の総合調整機能を付与することが必要であると筆者は考えている。その場合には前述したとおり、同部門の機能は、㋐組織上経営者に近く、㋑組織全体の情報が集まり、㋒組織内の政策調整機能を有する、いわば"ハブ"や"扇の要"の役割を担う部門の中に設置することが必要である（「第3章2．④有事の総合調整機能を付与する場合」参照）。

その上で，リスク管理部門がリスクの顕在化防止までの段階（平時），および現実にリスクが顕在化した段階（有事）の両方を担当し，全社的リスクマネジメントの一環として危機管理を行う体制とすることが，実効性ある危機管理体制を整備，運用するために必要である。例えば，リスク管理部門は，平時には，危機管理規則の主管部門として，BCP（Business Continuity Plan：事業継続計画）を含む各種の危機管理体制全体の整備状況の確認と改善支援を担当する。そして有事には，当該リスクの主管部門を組織全体調整などにより支援すると共に，経営者のサポートを行う（後述の「【図表8－2】有事におけるリスク管理部門の役割の例」参照）。

　このようなリスク管理部門の役割と責任は，リスクマネジメント規則や危機管理規則などの社内規則で規定しておくことが必要である。

◎(2)　リスク管理部門の役割の例

　リスク管理部門の危機管理での役割は，例えば以下の4点であると考えられる。

① **危機管理体制全体を確認・評価し，改善提言を行うこと**
　各種リスクに対する危機管理体制の整備，運用状況や顕在化した重要リスクとその対応状況を，組織横断的に確認，評価し，必要な改善提言を行う。

② **経営者の関与の下で継続的改善を行うこと**
　上記確認・評価の結果や改善提言を経営者に適宜，報告・具申するなど経営者とコミュニケーションを取りながら，危機管理体制・BCPを経営者の関与の下で継続的に改善する。

③ **組織全体での総合的判断や部門横断的な調整を行うこと**
　例えば，危機管理体制の整備やBCPの策定では，主管部門単独では対応が難

しい，組織全体での総合的判断や部門横断的な調整を必要とする場合がある。この場合には，危機管理の全体統括部門として，それらの判断や調整を行うなど，いわばコーディネーターや行司の役割を担い，その実現を支援する。

④ **危機管理に関する説明責任を果たすこと**
危機管理の対外的な説明窓口をリスク管理部門に一本化することにより，外部への説明責任を明確に果たす。

2．当初は危機であることが明確でない事象への対応体制

例えば，法規制に基づいて行われている製品の安全性を証明するためのデータ収集方法が不適切である疑いがあるが，現時点では事実関係が確認できない場合がある。また，自社製品で事故が発生したが，現時点では原因が製品の瑕疵なのか，顧客の誤使用なのかが判明しない場合がある。以下では，このような，事実関係や原因が確定できない段階での製品安全やコンプライアンス上の問題など，「重要事案となる可能性があるが，当初は危機であることが明確でなく，重要性の見極めが必要な事象」が発生した場合に必要な対応体制について説明する。

このような事象が発生すると，有事であるとの判断が遅れて，損害が拡大する場合がある。さらに，事案が発生したことよりも，対応の遅れや不十分さを問題視されて，いわゆる"二次不祥事"が発生する場合がある。そのため，必要な対応体制を予め整備しておくことが必要である。

◎(1) "グレーゾーン"リスクが顕在化した時に必要なこと

「重要事案となる可能性があるが，当初は危機であることが明確でなく，重要性の見極めが必要な事象」，いわば"グレーゾーン"のリスクが顕在化した

場合には，速やかに調査を行い，事案の重要性を見極める必要がある．そして重要と判断された場合には，迅速に公表することが必要である。それができない場合には，それ自体が新たなリスク事案，いわゆる"二次不祥事"となり，当初事案の影響を大きく上回る，深刻な事態に発展することがある。

(2) 二次不祥事をもたらす要因

二次不祥事が発生した場合には，不祥事を発生させたことや不祥事そのものよりも，**発生後の不十分な対応が強く非難される**。不十分な対応としては，隠蔽，改ざん，もしくは記者会見での不適切な発言だけでなく，**公表の遅れ（迅速性の欠如）や不十分な調査（正確性・十分性の欠如）が大きな要因となる**。

公表が遅れると，隠蔽していると疑われる場合がある。また，不十分な調査のまま公表し，その後，新たな事実が表面化したり，公表内容を訂正した時には，誠実に対応していないと受け取られる場合がある。その結果，不透明で閉鎖的な組織である，社会的責任を軽視しているなど組織の体質そのものが非難の対象となっていく場合がある。

(3) 迅速な公表と正確かつ十分な調査

重大な影響を及ぼす可能性がある事案を把握した場合には，可能な限り早期に正確かつ十分な調査を行い，㋐事実関係，㋑原因，㋒当面の被害拡大防止策と今後の再発防止策，㋓組織としての見解と謝罪をまとめ，迅速に公表することが必要である。

しかし，**正確かつ十分な調査と迅速な公表は，通常では両立しがたい，いわばトレードオフの関係にある場合が多い**。つまり，短い時間で膨大な調査と検証を行い，ギリギリの判断を迫られる過酷な事態であるため，組織の総力を挙げて対応する必要がある。これには経営者の直接の関与が必要であり，事案に直接関係する部門だけでは実施は困難な場合が多い。

(4) 必要な体制

◎① 主要な本社スタッフ部門を交えた多様な視点での検討体制

　リスクの評価や対応方針の検討を当該リスクの主管部門だけが行い，その意見を基に経営者が判断することは，組織全体の意見を踏まえていない不十分な情報を基に重要な意思決定を行うことにつながるため，避けるべきと筆者は考えている。経営者が適切な判断を行うためには，リスク管理部門など**リスク対応に関係する主要な本社スタッフ部門を交えて多様な視点で検討を行い，組織全体として事案の重要性を評価し，対応を検討する体制を整備する**ことが必要である。

　そのためには，例えば，以下の3点を行うことが必要である。

《本社スタッフ部門を交えた多様な視点での検討体制の例》
(a) 重要なリスク情報が，リスク管理部門などリスク対応に関係する主要な本社スタッフ部門へ迅速に報告される。
(b) リスク管理部門が，主要な本社スタッフ部門（広報部門，法務部門，総務部門，経営企画部門等）を含む関係部門の部長もしくはマネージャーによる対策会議を招集する。そして，㋐リスクマネジメント上の問題，㋑社会やマスコミへの対応，㋒法的責任，㋓行政対応，㋔経営全般への影響等の観点から，事案を多様な視点で検討する。
(c) 対策会議では，㋐本社レベルで，つまり組織全体として情報を共有し，現時点で判明している事実関係を整理する，㋑想定されるリスクと組織への影響を評価する，および㋒対応方針を検討し，主管部門に助言・支援を行う。

　具体的な体制は例えば，【図表8－1】の通りである。そして，対策会議での検討結果を踏まえて，職責権限に基づき，主管部門の担当執行役員，もしくは経営者が対応を決定する。また，リスク管理部門は対応方針の実施に当たって，関係部門を調整する。

図表8-1　主要な本社スタッフ部門を交えた多様な視点での検討体制の例

```
                    経営者            対応承認
リ                    ↑ 報告
ス                 担当執行役員        重要性判断・対応決定
ク                    ↑ 報告
情                                  リスク情報の伝達
報                 本社主管部門   ⇄    主要な本社スタッフ部門
の                    ↑ 報告    助言
伝                                ・支援   リスク管理部門，広報部門，
達                  事案発生               法務部門，総務部門，
                                        経営企画部門　等

                                        対策会議
                                     （関係部長・マネージャー）
                                     ・情報共有・事実関係整理
                                     ・多様な視点でのリスク評価・対応
                                       方針検討
```

② **主要な本社スタッフ部門への迅速な情報伝達体制**

　上記①の体制が機能するためには，主要な本社スタッフ部門にリスク情報が迅速に報告される体制が整備され，機能していることが必要である。そのために必要な要件は，「第6章5．本社スタッフ部門の留意事項」に記載のとおりである。

③ **現場や主管部門からは見えないリスク**

　リスクは見る人の視点や立場によって，その見え方や捉え方が異なり，また，適切と考える対応も異なる。リスク事案そのものは現場やその主管部門が最もよく理解している。しかし，事案が社会に及ぼす影響や社会からどのように受け取られるかということ，つまり，事案がもたらすリスクは現場やその主管部門からは十分には見えない時もある。

　そのため，**事案が社会に及ぼす影響や社会からどのように受け取られるのか**

を踏まえながら，事案がもたらすリスクの重大性を評価し，それにふさわしい対応を検討することが，社会の期待や要請に即した対応を行うために必要である。それを行うためには，上記①で述べたとおり，リスク対応に関係する主要な本社スタッフ部門を交えた多様な視点でリスクを評価し，対応方針を検討することが必要である。

リスクの評価には，事案そのものの理解（事実確認）だけでなく，事案が社会に及ぼす影響という視点での検討が必要となる。日頃から社会からどう見られるかに注意を払うように留意していることが必要である。なお，「社会からどう見られるかに注意を払う」ことについては，「第2章3.(1)④社会の目線や常識に照らした判断」，および「第5章2.(8)②社会の視点で見る」を参照のこと。

3．大規模自然災害等への対応体制

以下では，大規模地震など当初から危機であることが明確な事象が発生した場合に必要な対応体制について説明する。

◎(1) 有事におけるリスク管理部門の役割

大規模自然災害等の有事におけるリスク管理部門の役割は，例えば以下の3点であると考えられる。これらは，リスクマネジメント規則や危機管理規則等の規則で，規定しておくことが必要である。なお以下は，リスク管理部門が有事における総合調整機能を付与されていることを前提として記載している。

〈有事におけるリスク管理部門の役割の例〉
(a) 経営者のサポート
　経営者への情報の一元化，指揮命令系統の一元化を確実に行うことにより，経営者が限られた時間の中で，限定的な情報を整理・統合して，組織としてとるべき行動を判断し，実行できるようサポートすること。

(b) 主管部門の支援

　経営者との連絡調整や組織全体の立場での助言などにより，当該リスクの主管部門を支援すること。

(c) 組織全体調整

　組織全体として必要な対応が行えるように，要員等の経営資源の配分など組織全体の調整を行うこと。

具体的な対応体制は例えば，【図表8-2】のとおりである。

図表8-2　有事におけるリスク管理部門の役割の例

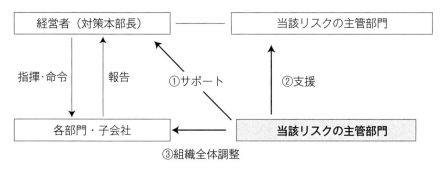

(2) 危機管理規則の例（大規模自然災害等の場合）

　以下では有事の対応体制を危機管理規則に規定する場合の記載内容について説明する。なお，危機管理規則はリスクマネジメント規則の下位規則であることを，リスクマネジメント規則で規定しておくことが，全社的リスクマネジメントの一環として危機管理を行うことを明確にするために必要である。

◎① **危機管理の対象となるリスク**

　リスクマネジメント規則で特定された「重要リスク」のうち，**顕在化や損失拡大のスピードが速く，かつ部門横断的な対応が必要であるため，㋐主管部門,**

㋑**設置要件**，㋒**組織・指揮命令系統**などの体制を事前に定めておく必要があるリスクを対象とする。また，同規則では，BCPの策定対象となるリスクを指定する。

危機管理規則で指定されたリスクが顕在化し，危機対策本部の設置要件に該当する場合に，同本部が設置される。

② 危機管理規則の一般的な記載項目の例

《危機管理規則の一般的な記載項目の例》
※★印は最低限規定すべき事項を示す
(a) 目的
(b) 危機の種類★
　対象となる危機を特定・定義する（地震災害，新型インフルエンザ等）。
(c) 各種危機の種類毎の主管部門★
　危機管理では，責任と権限を明確化することが重要であるため，発生の蓋然性が高い危機について，危機毎に主管部門を指定する。
　　例：地震災害リスクは防災部門，新型インフルエンザは人事部門，コンプライアンスリスクはコンプライアンス部門など。
(d) 体制の区分
　特に重要なもの（本部長は経営者）／重要なもの（本部長は担当執行役員）等で区分する。
(e) 危機対策本部の設置要件★
　リスク毎に定義する。
(f) 対策本部の組織・指揮命令系統★
(g) 有事における各部門の役割分担★
(h) リスク管理部門の役割と権限★
　平時・有事双方での役割と権限を規定する（有事については前記「(1)有事におけるリスク管理部門の役割」を参照）。
(i) BCPの策定および発動要件
　BCPを作成すべき事故・災害を指定する（後記（「(4)②(b)対象となる災害・事故の要件」参照）。
　最低限継続すべき重要業務を指定する。（後記「(4)②(c)重要業務の特定」参照）

(j) 対策本部の解散
　解散の要件を規定する。
(k) 教育・訓練・啓発
　危機対応の実効性を維持・向上させるために必要な教育・訓練・啓発活動について規定する。
(l) 継続的改善
　顕在化した事案，訓練の結果，および社会情勢の変化等により，対応策の内容について見直すべき事項がないかを定期的に，もしくは必要に応じて確認し，必要な見直しを実施することを規定する。(下記「(3)②危機管理体制の継続的改善」，「(4)④BCPの継続的改善」参照)
(m) モニタリング
　平時にリスクマネジメント関連委員会（リスク管理委員会，内部統制委員会，CSR委員会など名称は様々）を設置している場合には，同委員会で危機管理体制全般のモニタリング（対応策の評価，改善提言を含む）を行うことを規定する。そして同委員会は，モニタリング結果を取締役会，もしくは経営会議に報告，具申すべきことを規定する。
(n) 規則の主管部門
　規則の主管部門はリスク管理部門とする。また，各危機の主管部門は，個別の危機に関する各種規定類やマニュアル類の策定・維持管理の責任を負うことを規定する。

(3) 平時におけるリスク管理部門の役割（その１）
　　〜危機管理体制の整備と継続的改善

　リスク管理部門は，関係部門に働きかけて，危機管理体制の整備，およびその継続的な改善を推進することが必要である。また，同部門の役割と権限はリスクマネジメント規則や危機管理規則などの規則に規定しておくことが必要である。

① **危機管理体制の整備**

リスク管理部門は，例えば以下のような災害への対応策について，整備状況やその有効性を確認し，主管部門に必要な改善を働きかけ，危機管理体制の整備を推進することが必要である。

《リスク管理部門が確認すべき災害への対応策の例》
(a) 通信手段が制約された場合の対応体制。特に経営者との通信手段の確保や通信手段の多重化。
(b) 勤務時間外（夜間・休日）に大規模災害が発生した場合の連絡体制や対応体制。
(c) 社員とその家族の安否確認手段。特に確認手段の多重化。
(d) 水・食料，毛布など災害時に必要な物資の備蓄。
(e) 災害対応体制を支える周辺プロセスの整備状況。
　・非常用発電機とその燃料など災害時に必要な設備の保守部品・消耗品の供給，および修理等のメンテナンス体制。
　・建物・設備管理など，外部に委託している業務の災害時の対応体制。
　・停止した設備を再稼働する際に必要となる専門技術者その他の経営資源など，平時では経験することのない特有の事項。
(f) 行政機能が停止した場合の影響の洗い出しと対応体制。

◎② **危機管理体制の継続的改善**

リスク管理部門は，現行の組織全体の危機管理体制の枠組みについて，㋐顕在化したリスク事案，㋑訓練の結果，および，㋒社会情勢の変化などを踏まえて，最低でも年1回もしくは必要に応じて，不足する部分や改善を要する点がないかを確認し，必要な改善を行うことが必要である。

また，各リスクの主管部門が策定した個別の危機管理体制についても，同様に最低でも年1回，もしくは必要に応じて，**各主管部門に対して不足する部分や改善を要する点がないかを確認し，必要な改善を行うよう働きかけを行う**ことが必要である。そして，改善状況を確認して，必要に応じて助言や改善提言を行うことが必要である。

そして，これら組織全体の危機管理体制の枠組み，および各リスクの主管部門が策定した個別の危機管理体制について，その現状と課題，および改善状況を，リスクマネジメント委員会，経営会議および取締役会へ報告することが必要である。

　このような確認，働きかけ，および報告を通して，リスク管理部門は危機管理体制の継続的な改善のためのPDCAサイクルを回す役割を果たす。

(4) 平時におけるリスク管理部門の役割（その2）　～BCPの策定と継続的改善

　危機管理体制と同様に，リスク管理部門は関係部門に働きかけて，いわば音頭を取って，例えば以下の事項を通して，BCPの策定と継続的な改善を進めることが必要である。また，同部門の役割と権限はリスクマネジメント規則や危機管理規則などの規則に規定しておくことが必要である。なお，BCP策定におけるリスクマネジメント委員会の役割については，「第3章3.④【各種BCP策定におけるリスクマネジメント委員会の役割の例】」を参照のこと。

◎① 「BCP策定方針」の作成

　例えば，地震災害，新型インフルエンザ，もしくは大規模設備事故など各リスクの主管部門がそれぞれ個別にBCPを策定すると，災害・事故の種類毎に最低限必要な重要業務の解釈に差異が生じるなど，組織全体としての整合性が取れなくなる可能性がある。

　そのため，複数のBCPを策定する場合には，一つの基本方針の下で整合性のあるBCPを策定することが必要である。リスク管理部門は，**各種のBCPの策定に先立ち，㋐BCPの基本方針，㋑対象とする災害・事故，および，㋒最低限継続すべき重要業務などを定めた「BCP策定方針」を作成することが必要である。そして，各BCPの主管部門は同方針に従って，組織全体で整合性の取れたBCPを策定する**ことが必要である。

② 「BCP策定方針」の内容

◎(a) 基本方針

BCPの基本方針として，例えば以下の事項を定める。

〈BCPの基本方針で定める事項の例〉
(a) 関係者の生命・身体の安全の確保
(b) 被害拡大の防止
(c) 最低限継続しなければならない重要業務を最優先し，それ以外の業務は中断すること

(b) 対象となる災害・事故の要件

BCPの策定対象となる災害・事故は，例えば以下の2つの要件を同時に満たす災害・事故が考えられる。

〈BCPの策定対象となる災害・事故の要件の例〉
(a) **供給可能な製品・サービスや投入可能な資材・人員などの経営資源に著しい制約が発生し，事業継続に及ぼす影響が甚大な事象。**
例えば，㋐製品・サービスの大規模な供給停止が発生した場合や，㋑災害・事故対応への人員等の希少な経営資源の投入に伴い，重大な資源制約が発生した場合が該当する。
(b) **対応に部門横断的な取組みが必要となる事象** など。

◎(c) 重要業務の特定

BCPでは，最低限継続しなければならない重要業務に，人員等の希少な経営資源を集中的に投入し，組織全体を挙げて重要業務に集中することが必要である。つまり，重要業務に経営資源を集中投入するための経営資源の再配分計画を立案することが必要となる。

したがって，重要業務を特定することがまず必要になる。組織の主要な業務の棚卸しをし，業務の優先順位付けを行い，有事に継続する業務と中断する業務，いわば"やる仕事"と"やらない仕事"を仕分けすることが必要となる。

これは，どの業務を重要業務とし，どの業務を中断業務とするかという組織全体での業務の重要性を評価することであり，ラインの一部門である当該リスクの主管部門が行うことは困難である。

　そのため，リスク管理部門は，危機管理体制の統括部門として，**組織全体として見た場合どのような性格の業務が重要業務に該当するかという「重要業務のカテゴリー」**とその優先順位を策定して，**各BCPの主管部門に提示する**ことが必要である。提示すべき重要業務のカテゴリーと優先順位としては，例えば以下が考えられる。

〈重要業務のカテゴリーと優先順位の例〉
(a) 優先順位1位：災害・事故発生時の初動対応に必要な業務
　　・発災直後に，安全確保や被害拡大防止のために緊急に実施すべき業務　等
(b) 優先順位2位：いかなる事態においても最低限継続する必要がある組織が存在するための基盤となる中核業務
　　・被災していない主力製品の製造工場の稼働継続のために必要な業務　等
(c) 優先順位3位：組織の機能を維持するために最低限必要な通常業務
　　㋐従業員への給料支払い
　　㋑取引先への代金支払い
　　㋒災害・事故対応に必要なシステムを含む最低限必要なシステムの維持管理　等
(d) 優先順位4位：災害・事故発生後の重要業務の復旧のために必要な業務
　　・被災した工場の復旧に必要な業務　等

【重要業務に該当しない業務の例】
(a) 中断業務
　　・営業，企画，研究開発　など

【参考：従来の危機対策計画（防災計画等）とBCPの相違点】
　従来の危機対策計画（防災計画等）の対象は，上記カテゴリーの(a)災害・事故発生時の初動業務と(d)復旧業務に限定されることが多かった。
　しかし，BCPの対象はそれらに加えて，(b)組織が存在するための基盤となる

中核業務，および，(c)最低限必要な通常業務も含んでおり，対象範囲が広くなっている。

◎③　部門間調整

　BCPの作成対象となるリスクは，組織全体レベルでの重大事象であるため，作成には関係部門が連携することが必要となる。しかし，対応についての関係部門の意見が異なる場合には，主管部門単独では意見の調整が難しく，BCPの作成が進まない場合がある。

　そのため，リスク管理部門は客観的な第三者として，関係各部門の意見を聞き，異なる意見を持つ部門に相手方部門の真意を伝えたり，関係部門が意見交換を行う場を設定するなど関係部門の調整を行うことが必要である。このような，いわばコーディネーターや行司の役割を果たすことが，BCP策定におけるリスク管理部門の重要な役割である。

◎④　BCPの継続的改善

　前述した危機管理体制と同様に，リスク管理部門は，各BCPの主管部門に対して，最低でも年1回，もしくは必要に応じて，**BCPに不足する部分や改善を要する点がないかを確認し，必要な改善を行うよう働きかけを行うことが必**要である。そして，改善状況を確認して，必要に応じて助言や改善提言を行うことが必要である。

　そして，各種BCPの現状と課題，およびその改善状況を，リスクマネジメント委員会，経営会議および取締役会へ報告することが必要である。

　このような確認，働きかけ，および報告を通して，危機管理体制と同様，リスク管理部門はBCPの継続的な改善のためのPDCAサイクルを回す役割を果たす。

◎⑤ BCP策定上の留意点

BCPの策定に当たっては，例えば，以下の3点に留意することが必要である。

〈BCP策定上の留意点〉

(a) 最悪の事象の想定

　想定し得る最悪事象をモデルケースとして，事業継続上の課題を把握し，対応策を策定する。例えば，地震であれば，中央防災会議が被害想定を公表した都心南部直下地震を想定する。最悪の事象を想定することにより，課題がより明確に浮かび上がる。

(b) 最悪の場所とタイミングの想定

　いわば「ここが機能停止したら最悪」という事業継続上の一番のウィークポイントを特定し，かつ，最悪のタイミング（時期・時間帯，設備の稼働状況など）に発生するという2つの最悪のピンポイントでシナリオを作成する。

(c) 汎用性

　他の類似事象に応用できる汎用性の高いものとする。

◀チェックリスト▶

■危機管理におけるリスク管理部門の役割 ☞ 1.(p.162)

No.	項　　目	評価
1	**リスク管理部門の担当範囲** 　リスク管理部門に有事の総合調整機能を付与している場合には，同部門はリスクの顕在化防止までの段階（平時），および現実にリスクが顕在化した段階（有事）の両方を担当していますか。また，このような同部門の役割と責任を，リスクマネジメント規則や危機管理規則などの規則で規定していますか。	
2	**リスク管理部門の役割** 　リスク管理部門は危機管理において，例えば以下の役割を果たしていますか。 　(a)　各種リスクに対する危機管理体制の整備，運用状況や，顕在化した重要リスクとその対応状況を，組織横断的に確認，評価し，必要な改善提言を行っている。 　(b)　上記確認・評価の結果や改善提言を経営者に適宜，報告・具申するなど経営者とコミュニケーションを取りながら，危機管理体制・BCPを経営者の関与の下で継続的に改善している。 　(c)　危機管理体制の整備やBCPの策定において，主管部門単独では対応が難しい，組織全体での総合的判断や部門横断的な調整を必要とする場合がある。この場合には，危機管理の全体統括部門として，組織全体の観点からの総合的な判断や部門横断的な調整など，いわばコーディネーターや行司の役割を担い，その実現を支援している。 　(d)　危機管理の対外的な説明窓口がリスク管理部門に一本化されており，同部門が外部への説明責任を果たしている　など。	

■当初は危機であることが明確でない事象への対応体制 ☞ 2.(p.164)

No.	項　　目	評価
1	"グレーゾーン"リスクが顕在化した時に必要なこと 　「重要事案となる可能性があるが，当初は危機であることが明確でなく，重要性の見極めが必要な事象」(注)，いわば"グレーゾーン"のリスクが顕在化した場合には，速やかに調査を行い，事案の重要性を見極め，重要と判断された場合には，迅速に公表する体制を整備していますか。 　　（注）　例えば，法規制に基づいて行われている製品の安全性を証明するためのデータ収集方法が不適切である疑いがあるが，現時点では事実関係が確認できない場合。もしくは，自社製品で事故が発生したが，現時点では原因が製品の瑕疵なのか，顧客の誤使用なのかが判明しない場合など。	
2	主要な本社スタッフ部門を交えた多様な視点での検討体制 　「重要事案となる可能性があるが，当初は危機であることが明確でなく，重要性の見極めが必要な事象」が発生した場合には，例えば以下のような主要な本社スタッフ部門を交えて多様な視点で検討を行い，組織全体として事案の重要性を評価し，対応を検討する体制を整備していますか。 　(a)　重要なリスク情報が，リスク管理部門などリスク対応に関係する主要な本社スタッフ部門へ迅速に報告される。 　(b)　リスク管理部門が，主要な本社スタッフ部門（広報部門，法務部門，総務部門，経営企画部門等）を含む関係部門の部長もしくはマネージャーによる対策会議を招集する。そして，㋐リスクマネジメント上の問題，㋑社会やマスコミへの対応，㋒法的責任，㋓行政対応，㋔経営全般への影響等の観点から，事案を多様な視点で検討する。 　(c)　対策会議では，㋐本社レベルで，つまり組織全体として情報を共有し，現時点で判明している事実関係を整理する，㋑想定されるリスクと組織への影響を評価する，および，㋒対応方針	

を検討し，主管部門に助言・支援を行う。

■大規模自然災害等への対応体制 ☞ 3.（p.168）

(1) 有事におけるリスク管理部門の役割

No.	項　　目	評価
1	**有事におけるリスク管理部門の役割** 　リスク管理部門が有事における総合調整機能を付与されている場合には，大規模自然災害等の有事におけるリスク管理部門の役割として，例えば以下のような役割を定め，リスクマネジメント規則や危機管理規則等の規則で規定していますか。 　(a) 経営者への情報の一元化，指揮命令系統の一元化を確実に行うことにより，経営者が限られた時間の中で，限定的な情報を整理・統合して，組織としてとるべき行動を判断し，実行できるよう経営者をサポートすること。 　(b) 経営者との連絡調整や組織全体の立場での助言などにより，当該リスクの主管部門を支援すること。 　(c) 組織全体として必要な対応が行えるように，要員をはじめとする経営資源の配分を行うなど組織全体の調整を行うこと。	

(2) 危機管理規則の例（大規模自然災害等の場合）

No.	項　　目	評価
1	**危機管理の対象となるリスク** 　リスク管理部門は，リスクマネジメント規則で特定された「重要リスク」のうち，顕在化や損失拡大のスピードが速く，かつ部門横断的な対応が必要なリスクについては，危機管理規則で，㋐主管部門，㋑設置要件，㋒組織・指揮命令系統などの体制を事前に定めていますか。	

第8章 危機管理　181

(3) 平時におけるリスク管理部門の役割（その1）
　　〜危機管理体制の整備と継続的改善

No.	項　　目	評価
1	危機管理体制の継続的改善 (a) リスク管理部門は，現行の組織全体の危機管理体制の枠組みについて，㋐顕在化したリスク事案，㋑訓練の結果，および，㋒社会情勢の変化などを踏まえて，最低でも年1回もしくは必要に応じて，不足する部分や改善を要する点がないかを確認し，必要な改善を行っていますか。 (b) また，各リスクの主管部門が策定した個別の危機管理体制についても，同様に最低でも年1回，もしくは必要に応じて，各主管部門に対して不足する部分や改善を要する点がないかを確認し，必要な改善を行うよう働きかけを行っていますか。そして，改善状況を確認して，必要に応じて助言や改善提言を行っていますか。 (c) これら組織全体の危機管理体制の枠組み，および各リスクの主管部門が策定した個別の危機管理体制について，その現状と課題，および改善状況を，リスクマネジメント委員会，経営会議および取締役会へ報告していますか。	

(4) 平時におけるリスク管理部門の役割（その2）
　　〜BCPの策定と継続的改善

No.	項　　目	評価
1	「BCP策定方針」の作成 　複数のBCPを策定する場合には，リスク管理部門は事前に，㋐BCPの基本方針，㋑対象とする災害・事故，および，㋒最低限継続すべき重要業務などを定めた「BCP策定方針」を作成していますか。そして，各BCPの主管部門は同方針に従って，組織全体で整合性の取れたBCPを策定していますか。	

2	**BCPの基本方針** 　BCPの基本方針として，例えば以下の事項を定めていますか。 　(a)　関係者の生命・身体の安全の確保 　(b)　被害拡大の防止 　(c)　最低限継続しなければならない重要業務を最優先し，それ以外の業務は中断すること	
3	**重要業務の特定** 　リスク管理部門は，各リスクの主管部門がBCPを策定する際に，組織全体として見た場合どのような性格の業務が重要業務に該当するかという「重要業務のカテゴリー」とその優先順位を策定して，各BCPの主管部門に提示していますか。	
4	**部門間調整** 　リスク管理部門は，BCPの策定で関係部門の意見調整が難しく策定が進まない場合には，客観的な第三者として関係部門の調整 (注)を行っていますか。 　(注)　例えば，㋐関係各部門の意見を聞き，異なる意見を持つ部門に相手方部門の真意を伝えること，㋑関係部門が意見交換を行う場を設定すること　など。	
5	**BCPの継続的改善** 　(a)　リスク管理部門は，各BCPの主管部門に対して，最低でも年1回，もしくは必要に応じて，BCPに不足する部分や改善を要する点がないかを確認し，必要な改善を行うよう働きかけを行っていますか。そして，改善状況を確認して，必要に応じて助言や改善提言を行っていますか。 　(b)　各種BCPの現状と課題，およびその改善状況を，リスクマネジメント委員会，経営会議，および取締役会に報告していますか。	
6	**BCP策定上の留意点** 　BCPの策定に当たっては，例えば，以下の3点に留意していますか。 　(a)　最悪の事象の想定：想定し得る最悪事象をモデルケースとし	

て，事業継続上の課題を把握し，対応策を策定する。例えば都心南部直下地震を想定する。
(b)　最悪の場所とタイミングの想定：いわば「ここが機能停止したら最悪」という事業継続上の一番のウィークポイントを特定し，かつ，最悪のタイミング（時期・時間帯，設備の稼働状況など）に発生するという2つの最悪のピンポイントでシナリオを作成する。
(c)　汎用性：他の類似事象に応用できる汎用性の高いものとする。

第9章 リスク管理能力の向上に資する研修 ——実施事項⑧

Summary

現場第一線で業務を統括する部長・マネージャー等の管理者層は、業務に関するリスクを最もよく知っており、同時に最も適切に対応できる立場にある。そのため、全社的リスクマネジメントを強化するためには、その業務を担当する現場第一線の管理者層のリスク管理能力を向上することが重要である。本章では、現場第一線の管理者層のリスク管理能力の向上に資する研修について説明する。

Keywords

リスク管理能力，リスクの把握，迅速なリスク情報の伝達，リスクへの感度，グループディスカッション

1．リスク管理能力の向上に必要な事項

現場第一線におけるリスクマネジメントの実務で最低限必要な要素は、リスクに敏感に気付いて、上位者や関係者に迅速に伝達すること、つまり「リスクの把握」と「迅速なリスク情報の伝達」の2つであると筆者は考えている。それを実現するためには、リスクへの"感度"が磨かれていることが必要である。また、リスクへの感度が低い場合、リスク事案を楽観的、希望的に受け止めるなど事案の重大性に気付かず、リスクの把握が漏れたり、リスク情報の伝達が遅れる原因となることも多い。

そのため，リスクへの感度を磨くことが，現場第一線管理者層のリスク管理能力向上の要諦であり，そのためには，事例に基づいた議論を中心とした研修を行うことが効果的であると筆者は考えている。

2．リスクへの感度を磨くための研修

(1) 留意点

◎① 議論を中心とした研修

　リスクへの感度を磨くためには，過去の組織の事例など受講者の関心が高く身近に感じられる事例1件を題材として，「リスクの把握」と「迅速なリスク情報の伝達」での問題点を中心に，4～6人程度の少人数のグループ単位で議論することが効果的である。議論を通して，リスクの把握とリスク情報の伝達の必要性や勘どころを，疑似的に体得してもらえる。

　なお，机の配置は，通常は4～6人程度の島形式とするが，参加者数が多く大会議室で教室形式で行う場合には，最前列から順に前列の2名が真後ろの列の2名と向き合い，4名のグループを作ることも可能である。この場合，3人までは1つのグループとし，1，2名が残った場合は他のグループに合流する。

　互いに議論することにより，事例を自らの問題として考えやすくなる。知識を詰め込むよりも，**腹に落ちる議論でリスクへの感度を磨く**ことが重要である。この方法は，リスクに対する感度を高める効果が座学より高いと筆者は考えている。

◎② リアリティある内容

　研修内容は，受講者が職場で実際に活用できるよう，**組織で過去に実際に発生した事例を用いるなど，自分が直面したらどう対応すべきかを考えてもらえるリアリティある内容**とする。

◎③ 外部講師
　研修の実施を外部講師に全面的に依存（丸投げ）している場合，一般論的な内容が多くなり，組織の実態からかけ離れた内容になりやすくなる。その結果，受講者が実際の業務で活用しにくい場合が出て来るので注意が必要である。
　そのため，外部講師に研修を依頼する場合は，**組織の特性や研修の成果として期待する事項などを十分に伝え，それらが反映された内容となっていることを事前に確認した上で研修を実施する**ことが必要である。

(2) 研修の進め方

① 座　学
　「リスクの把握」と「迅速なリスク情報の伝達」で一般的に必要な事項を説明する。なお，「リスク情報の伝達」について伝えるべき事項については，「第6章2．報告の原則」を参照のこと。

② 事例の説明
　過去に組織で実際に発生した事例1件を取り上げ，その概要と事実関係を説明する。なお，受講者の関心が低い他社事例や架空の事例を用いると受講者の腹落ち感が少なく，効果が低くなる。
　事実関係は，時系列の一覧表やフローチャートに簡潔にまとめて，短時間で容易に把握できるようにすることが議論に集中してもらうために大切である。

③ 議論してもらう事項（質問事項）
　例えば，以下の4つの質問事項について，グループ単位で議論してもらう。質問はいずれも，「リスクの把握」と「迅速なリスク情報の伝達」に関連した内容とする。予め事例を「リスクの把握」と「迅速なリスク情報の伝達」の2つの観点から検討するように伝えておく。

《質問事項の例》
(a) 想定されるリスク
☞この事案から想定されるリスクとして，どのようなことが考えられますか（「リスクの把握」での問題点）。
(b) リスクが顕在化した原因
☞なぜリスクが顕在化して大きな影響が発生したのでしょうか。どのようなことが原因として考えられますか（同上）。
(c) 報告遅延の原因
☞なぜ上位者，関係部門，および経営者への報告が遅れたのでしょうか。どのようなことが原因として考えられますか（「迅速なリスク情報の伝達」での問題点）。
(d) 共有すべき知見
☞この事案から得られた「リスクの把握」と「迅速なリスク情報の伝達」についての共有すべき知見として，どのようなことが考えられますか。

④ **グループディスカッション**

事前に発表者と書記を決めてもらい，議論終了後に各グループから発表してもらうことを伝える。

ディスカッションの時間はできる限り長く取ることが必要である。例えば，全体で90分の研修であれば，ディスカッションだけで半分の40分程度は取ることが，メンバーが十分な議論をするために必要である。

⑤ **発表とコメント**

グループの代表者が結果を発表し，講師が発表内容へコメントする。

⑥ **まとめ**

グループの発表終了後に，講師がまとめとして，リスクの把握と迅速なリスク情報の伝達という視点で見た場合の事例のポイントを説明する。

◀チェックリスト▶

■リスクへの感度を磨くための研修 ☞ 2.（p.185）

No.	項　　目	評価
1	議論を中心とした研修 　研修は座学だけでなく，例えば過去の組織の事例など受講者の関心が高く身近に感じられる事例を題材として，4〜6人程度の少人数のグループ単位で議論するなど，腹に落ちる議論でリスクへの感性を磨くものになっていますか。	
2	リアリティある内容 　研修内容は，受講者が職場で実際に活用できるよう，組織で過去に発生した事例を用いるなど，自分が直面したらどう対応すべきかを考えてもらえるリアリティある内容としていますか。	
3	外部講師 　外部講師に研修を依頼する場合は，組織の特性や研修の成果として期待する事項などを十分に伝え，それらが反映された内容となっていることを事前に確認した上で研修を実施していますか。	

[参考文献]

- トレッドウェイ委員会支援組織委員会(COSO)
 "Enterprise Risk Management－Aligning Risk with Strategy and Performance"(仮訳：全社的リスクマネジメント－リスクを戦略と業績に整合させる　2016年6月公開草案を公表)

- トレッドウェイ委員会支援組織委員会(COSO)　八田進二・箱田順哉監訳　日本内部統制研究学会 新COSO研究会訳
『COSO内部統制の統合的フレームワーク』(2014年2月　日本公認会計士協会出版局)」

- トレッドウェイ委員会支援組織委員会(COSO)
"Enterprise Risk Management－Understanding and Communicating Risk Appetite"(仮訳：全社的リスクマネジメント－リスク選好の理解とコミュニケーション)(2012年1月)

- トレッドウェイ委員会支援組織委員会(COSO)
"Risk Assessment in Practice"(仮訳：リスク評価の実務)(2012年10月)

- トレッドウェイ委員会支援組織委員会(COSO)
"Strengthening Enterprise Risk Management for Strategic Advantage"(仮訳：戦略的優位性を確保するために全社的リスクマネジメントを強化する)(2009年4月)

- 山口利昭
『不正リスク管理・有事対応　経営戦略に活かすリスクマネジメント』(2014

年9月　有斐閣）

・一般社団法人　日本内部監査協会　CIAフォーラム　No.a3　ERM研究会（第9期）
『リスク評価手法の内部監査での25の活用事例～内部監査での活用方法・改善提言のための確認事項～』（2016年11月）
　　http://www.iiajapan.com/pdf/kenkyu/ws/a03_1611.pdf

・一般社団法人　日本内部監査協会　CIAフォーラム　No.15　ERM研究会（第8期）
『改訂版COSO内部統制フレームワークの内部監査での活用事例～改訂版COSOの17の原則の観点から見た内部監査において留意すべき問題事例と改善提言のための確認事項～』（2015年11月）
　　http://www.iiajapan.com/pdf/kenkyu/ws/0141511_1.pdf
　　http://www.iiajapan.com/pdf/kenkyu/ws/0141511_2.pdf

・社団法人　日本内部監査協会　CIAフォーラム　No.15　ERM研究会（第5期）B分科会
『格付会社のERM確認項目を用いた事業会社向けERMチェックリスト～事業会社の目線に立った格付会社のERM確認項目の読み替えと解説～』（2010年1月）
　　http://www.iiajapan.com/pdf/data/erm/CIAforumNo.15-B-ERM.pdf

・B社
『個人情報漏洩事故調査委員会による調査結果について』（2014年9月）

（注）上記アドレスは2017年3月31日時点のものである。

索　引

A〜Z

BCP……………… 46, 52, 163, 170, 173, 174
BCP策定方針……………………………… 173
PDCAサイクル… 9, 45, 53, 55, 173, 176

あ行

意思決定………… 5, 6, 13, 18, 53, 54, 98
委託業務………………………… 152, 153
違反に対する一貫した対応………… 23
影響度……………… 47, 88, 89, 98, 100
エスカレーションルール…………… 125

か行

過去の経験や専門性………………… 29
過信と思い込み……………………… 28
課題の解決…………………………… 55
偏った見方…………………………… 18
ガバナンス………………… 12, 13, 154
環境変化………………… 22, 33, 95, 133
基幹業務………………………… 19, 95
危機管理………………………… 46, 162
危機管理規則………………… 163, 169, 170
危機管理体制………………… 162, 163, 171
業績評価…………………… 23, 105, 106
業務の調整…………………………… 74
業務の目的……………………… 23, 70
協力企業……………… 103, 151, 152, 153
グレーゾーンリスク………………… 164
経営者の明確な意思表示… 16, 125, 136
経営と現場の乖離…………………… 145
形式的な遵守………………………… 24
継続的改善……… 163, 171, 172, 173, 176

顕在化に至る速度………… 56, 88, 89, 98
研修……… 27, 28, 72, 132, 133, 184, 185
行動基準………………… 18, 23, 25, 151
子会社……………… 45, 151, 152, 154
心のあり方………………… 27, 69, 133
コミュニケーション… 24, 27, 30, 32, 67,
　　　　　　68, 124, 130, 133, 134, 150, 152
固有リスク…………………………… 93
コンプライアンス教育……………… 25
根本的な原因の究明………………… 33

さ行

最低限継続すべき重要業務
　………… 170, 173, 174, 175
残余リスク…………………………… 93
事案の常時把握……………………… 53
シナリオ分析………………………… 91
社会の常識・目線……………… 19, 20, 106
社会の信頼・期待………… 21, 29, 32, 168
従業員の参加………………………… 22
情報伝達……………………… 67, 68, 124
事例研究……………………………… 107
誠実性と倫理観………………… 13, 16
性弱説………………………………… 27
全社的リスクマネジメント体制
　……………………… 45, 47, 56
全社的リスクマネジメントに対する責任
　……………………………………14
全社的リスクマネジメントの定義…… 5
全社的リスクマネジメントの役割・機能
　……………………………………5
全社的リスクマネジメントの4つの要件
　……………………………………8
前提条件の変化……………………… 91

前提条件の理解……………………… 93
戦略に関するリスク…　45, 108, 109, 111
相互協力…………………………… 24
組織全体調整……………………… 163, 169
組織の論理・価値観………………… 20
組織文化
　……12, 13, 16, 17, 18, 23, 25, 26, 32, 33

た行

対応策の有効性…………………… 88, 89
ダイバーシティ…………………… 22
多様な意見や発想………………… 22
多様な視点での検討……… 52, 166, 168
統計的計測手法…………………… 93
当初は危機であることが
　明確でない事象………………… 164
統制活動…………………………… 145
独立性・客観性…………………… 48
取締役会による監督……………… 14

な行

二次不祥事………………………… 164, 165

は行

バイアス…………………………… 27
発生可能性………………………… 88, 89
バリュー・アット・リスク……… 93
部下の育成………………………… 71
部下の管理………………………… 73
部下の指導………………………… 69
部下の状況把握…………………… 75
不祥事……………………………… 101
部門横断的な調整………………… 163
部門間調整………………………… 54, 176
フランクに話せる関係
　………………… 24, 31, 68, 124, 130
プレッシャー……………………… 23, 32, 104

プロセス管理……………………… 74
報告の原則………………………… 126
報奨制度…………………………… 23
本社スタッフ部門…… 134, 166, 167, 168

ま行

マニュアル………………… 149, 151, 153
マネジメント能力………………… 66, 77
見て見ぬふり……………………… 26
目的の理解………………………… 21
モニタリング……………… 9, 53, 171

や行

役割・期待………………………… 23
有事の総合調整機能……… 49, 162, 168
横串機能…………………… 6, 54, 150

ら行

リスク管理部門…………………… 9, 47
リスク管理部門の役割
　……… 53, 162, 163, 168, 170, 171, 173
リスク関連委員会………………… 52
リスク選好………………… 6, 7, 16, 99
リスクに注意を払う組織文化…… 16, 22
リスクについての開かれた
　コミュニケーション……………… 21
リスクの許容範囲………………… 105
リスクの属性……………………… 109
リスクの定義……………………… 4
リスクの把握・評価…… 87, 90, 97, 106
リスク評価の4つの基準…………… 88
リスクへの感度…………… 106, 184, 185
リスクマネジメント委員会……… 50
リスクマネジメントに対する責任… 17
リスクマネジメントの定義……… 5
リスクを評価する際の3つの視点… 89

〈著者紹介〉
吉野太郎（よしの　たろう）
株式会社エスエーティ　常勤監査役
慶応義塾大学 経済学部卒業。東京ガス株式会社入社。2003年に監査部にて全社的リスクマネジメントの導入を担当後，あわせて内部統制報告制度の導入を担当。その後，IR部（リスク管理グループ）を経て，総合企画部にて全社的リスクマネジメントの運用，危機管理体制・BCP，内部統制（会社法），およびそれらについての有価証券報告書等での情報開示を2015年3月まで担当。2015年4月から2022年6月までリビング企画部ライフバル監査役チーム（リーダー他）。2022年6月同社退職。2021年9月から2022年6月までインテグラート株式会社常勤監査役。2022年10月から現職。金融庁企業会計審議会臨時委員（内部統制部会，2022年10月～2025年2月）。CIA（公認内部監査人），CRMA（公認リスク管理監査人），CCSA（内部統制評価指導士）

（著書）
『全社的リスクマネジメント　やってはいけないこと80―リスクを呼び込む事例と取るべき対応―』（単著，中央経済社，2022年）『事業会社のためのリスク管理・ERM（全社的リスクマネジメント）の実務ガイド』（単著，中央経済社，2012年）『COSO全社的リスクマネジメント　―戦略およびパフォーマンスとの統合―』（共訳，同文舘出版，2018年）『備えるBCMから使えるBCMへ　持続的な企業価値の創造に向けて』（共著，慶応義塾大学出版会，2013年）

全社的リスクマネジメント
■ミドルマネージャーがこれだけはやっておきたい8つの実施事項

2017年9月15日　第1版第1刷発行
2025年5月30日　第1版第8刷発行

著　者　吉　野　太　郎
発行者　山　本　　　継
発行所　㈱中央経済社
発売元　㈱中央経済グループ
　　　　パブリッシング

〒101-0051　東京都千代田区神田神保町1-35
電話　03 (3293) 3371 (編集代表)
　　　03 (3293) 3381 (営業代表)
https://www.chuokeizai.co.jp
印刷・製本／㈱デジタルパブリッシングサービス

© 2017
Printed in Japan

＊頁の「欠落」や「順序違い」などがありましたらお取り替えいたしますので発売元までご送付ください。（送料小社負担）
ISBN978-4-502-24041-6　C3034

JCOPY〈出版者著作権管理機構委託出版物〉本書を無断で複写複製（コピー）することは，著作権法上の例外を除き，禁じられています。本書をコピーされる場合は事前に出版者著作権管理機構（JCOPY）の許諾を受けてください。
JCOPY〈https://www.jcopy.or.jp　eメール：info@jcopy.or.jp〉

東京商工会議所主催
ビジネス実務法務検定試験® 2017年度版

1級公式テキスト
東京商工会議所 編　A5判・478頁　定価4,644円(税込)

2級公式テキスト
東京商工会議所 編　A5判・470頁　定価4,536円(税込)

3級公式テキスト
東京商工会議所 編　A5判・428頁　定価3,024円(税込)

1級公式問題集
東京商工会議所 編　A5判・400頁　定価3,456円(税込)

2級公式問題集
東京商工会議所 編　A5判・450頁　定価3,456円(税込)

3級公式問題集
東京商工会議所 編　A5判・388頁　定価2,592円(税込)

大阪商工会議所主催
メンタルヘルス・マネジメント®検定試験

公式テキスト
I種マスターコース 4版
大阪商工会議所 編　　A5判・434頁　定価4,536円(税込)

公式テキスト
II種ラインケアコース 4版
大阪商工会議所 編　　A5判・352頁　定価3,024円(税込)

公式テキスト
III種セルフケアコース 4版
大阪商工会議所 編　　A5判・168頁　定価1,944円(税込)

I種マスターコース
過去問題集 2016年度版
榎本正己 著　　A5判・256頁　定価3,024円(税込)

II種ラインケアコース
過去問題集 2016年度版
梅澤志乃 著　　A5判・252頁　定価2,376円(税込)

III種セルフケアコース
過去問題集 2016年度版
春日未歩子 著　　A5判・204頁　定価1,944円(税込)

スキルアップや管理職研修に大好評！

ビジネスマネジャー検定試験® 公式テキスト＜2nd edition＞
―管理職のための基礎知識　　東京商工会議所［編］

管理職としての心構え，コミュニケーションスキル，業務管理のポイント，リスクマネジメントの要点が1冊で身につく！ 2年ぶりに改訂。

ビジネスマネジャー検定試験® 公式問題集＜2017年版＞
東京商工会議所［編］

公式テキストに準拠した唯一の公式問題集。
過去問題3回分（第1回～第3回試験）を収録。
テーマ別模擬問題付き。

A5判・ソフトカバー・372頁

A5判・ソフトカバー・244頁

中央経済社